U0056293

·歡迎來到·

人生哲學研究所

用漫畫學讓生活輕鬆過的基礎哲學知識

朝日新聞出版／編著　平原卓／監修
柚木原なり／漫畫　王美娟／譯

某個地方
有間
不可思議的
煩惱研究所。

啊……
天氣真好～真是個適合
談論哲學的好日子。

啊～！
好想聊哲學！
好想跟
各式各樣的人討論！

嗯？
那位女性……

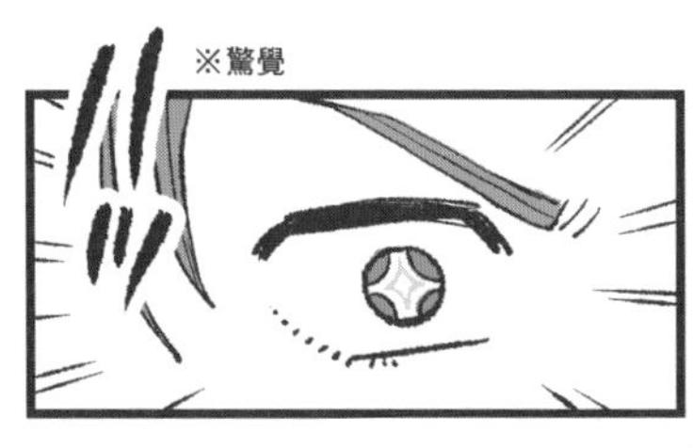
※驚覺

※砰——！
有哲學的味道!!!

唉～
該怎麼辦才好～
煩惱的粉領族
繪理香

嗯？

哲學煩惱研究所
這個地方原本有這棟建築物嗎？
哲學煩惱研究所

哲學……煩惱研究所？

哦～
不過，哲學聽起來好像很艱澀難懂呢。
況且也不曉得能不能應用在日常生活中。

絕對沒這種事，這位小姐!!
ビクゥッ
※嚇一跳

哇!?
你……
你是哪位……?
我叫柏拉圖，
是這間研究所的
哲學家。
プラ…?
※柏拉……?

哲學正是一門，
美妙又偉大的學問喔，
能夠找出幫助人
活得更好的「思維」。
柏拉圖
西元前427年－
西元前347年
古希臘哲學家

可是，我沒有
那麼重大的煩
惱耶……
不要緊！
人生的任何大小
煩惱，哲學都能
派上用場！

既然這樣，
我的煩惱
也能靠哲學
輕鬆解決嗎？

不……
很遺憾，
這可能沒辦法。
NO...

え？！
沒辦法嗎？

※什麼？

哲學只是一門探討
「本質」與
「思維」的學問。
?
各個哲學家的思想
確實有許多
值得學習的地方，
但……

舉例來說……在這個當下，
每個人想吃的東西
都不一樣對吧？
同理，自己該如何生活
這個問題，能夠思考並導出
結論的人只有妳自己而已！
好像是
這樣沒錯……？
放心！
只要跟
我聊一聊，
妳一定
就能明白的！
歡迎光臨
哲學煩惱研究所！
え？
え？？
※咦？什麼？

▶ 後續請看P.24！

CONTENTS

第3章

從古代到超現代 一定要認識的33名哲學家

書末附錄

相關用語一覽無遺！ 哲學用語總整理

PHILOSOPHY COLUMN

哲學煩惱研究所　研究員介紹

隸屬這間研究所的哲學家們。除了研究所外，他們也會出現在煩惱者所在的任何地方。

當時的模樣

René Descartes

勒內．笛卡兒

P.36／P.182

出身於法國的哲學家，被譽為近代哲學之父。嘗試透過「懷疑一切」思考法，導出普遍的認識。基本上不喜歡跟人往來，有流浪癖。

諮詢者

煩惱的高中生

阿學

成績優秀的男高中生。對於聽從父母的要求就讀知名大學一事存有疑問。

恩師

蘇格拉底

P.113
P.176

當時的模樣

Plato

柏拉圖

P.2／P.24／P.178

古希臘哲學家。每天與恩師蘇格拉底一起面對「什麼是良善的生活方式？」這個問題，一同尋找答案。非常喜歡「哲學對話」。

諮詢者

煩惱的粉領族

繪理香

不知如何面對社群網站而煩惱的粉領族。每天過著不得不按讚的煩悶生活。

傑出的後輩

偉大的前輩

當時的模樣

Georg Wilhelm Friedrich Hegel

格奧爾格・黑格爾

P.48／P.196

德國哲學家，發展並完成康德提倡的哲學。嘗試透過原理思維解決社會的矛盾與問題。是個積極向前又真誠正直的現實主義者。

當時的模樣

Immanual Kant

伊曼努爾・康德

P.48／P.194

德國哲學家，近代哲學的代表人物。嘗試以人類的理性為基礎，導出自由與道德的原理。是個非常守時的人，每天一定要散步。

諮詢者

煩惱的派遣員工

晴子

因同事遭到上司職權騷擾，自己卻無能為力而煩惱。

當時的模樣

Friedrich Wilhelm Nietzsche

弗里德里希・尼采

P.76／P.208

德國哲學家，嘗試從根源重新探究「生存」的意義。將弱者對強者的嫉妒心理命名為「憤懣」。是個超級樂觀的人。

諮詢者

煩惱的業務員

田口

看到同事比自己優秀令他心煩氣躁。本想跟後輩發牢騷宣洩不滿，沒想到……

當時的模樣

Søren Aabye Kierkegaard

索倫・齊克果

P.64／P.206

丹麥哲學家，哲學史上頭一位嘗試找出「對我為真的真理」，而非對眾人為真的普遍真理的人。跟前女友取消婚約一事造成了心理創傷。

諮詢者

煩惱(?)的女性

裕惠＆美優子

對婚姻不抱夢想的裕惠，以及夢想邂逅理想男性的美優子，何者才是正確的呢!?

當時的模樣

Hannah Arendt

漢娜・鄂蘭

P.100／P.226

出身於德國的哲學家。為躲避對猶太人的迫害而移居美國，之後歸化為美國公民。釐清極權主義的結構，分析其背後的人類心理。

當時的模樣

Georges Battaille

喬治・巴代伊

P.88／P.224

法國哲學家，受到尼采的影響，發展出自己的哲學。在《情色論》中犀利地指出美與戀愛的本質。

諮詢者

煩惱的大學生

小遙

對人際關係感到疲憊，因而退出社團的大學生。煩惱自己的選擇是否正確。

諮詢者

煩惱的青年

浩二

在心儀的對象面前總是慌張講不出話來，不知該拿自己怎麼辦才好，於是敲了諮詢所的門。

現在為什麼需要「哲學」？

聽到「哲學」這兩個字，你會想到什麼呢？「好像很艱澀難懂」、「應該沒什麼用處」、「名言」、「尼采」……等等，總之第一印象多半是學術的、難以親近的。不過，在每日的生活當中，你是否有過以下這種感覺呢？

總覺得活得好痛苦

有股閉塞感

對自己的生活方式沒有自信

翻開哲學的歷史便會發現，著名哲學家出現的時代，民眾都有這種不明確的不安。當既有的價值觀瓦解，必須重新建立價值觀時，哲學就會出現、被人需要，並且繁榮發展。

舉例來說，當古希臘的神話式價值觀瓦解時，柏拉圖出現了。以「我思，故我在」這句話聞名的笛卡兒，則現身在中世紀歐洲基督宗教式價值觀動搖的時代。另外，在基督宗教的存在感更加薄弱，人們不再依賴神，必須自行決定生活方式的時代，尼采出現了。

而現今又是如何呢？儘管各種價值觀與多樣性都得到認同，但「差距」、「孤獨」、「不安」等負面情緒依舊存在。技術革新以一般人無法想像的速度進行，就連現有的工作也不知道未來還在不在。

哲學的語源為「philosophia」，即希臘語「愛智慧」之意。而哲學原本的意思是「愛思考」。用自己的頭腦從根本去思考，自己是如何思考的、是帶著什麼目的而活的，這種行為即是「哲學」。此外，能夠提供思考提示的，是哲學書與哲學的歷史，這些堪稱是從前的哲學家們花了一輩子持續思考所留下的成果。

現在要找出關於未來的確切答案再度變得困難，學習「自行思考」的方法（原理）與習慣，應該能成為一股很大的助力，幫助你在未來活得「良善」吧。當然，就算你沒有這麼深遠的目的也沒關係。「自行思考」的習慣，應該也能幫助你解決「不想被人討厭」、「沒有自信」、「不安」等每日的煩悶。

首先就從練習「自行思考」開始吧！

什麼是善？怎樣的生活才是真正的「善」呢？生活在古希臘社會的柏拉圖，與他的老師蘇格拉底，是哲學史上最早研究這個主題的人。蘇格拉底表示，「人應該關心自己的內在，也就是『靈魂』，盡可能讓『靈魂』變得出色（照顧靈魂）」。此外他也認為，光是擁有許多錢、提高自己的地位或評價，是無法讓靈魂變得出色的。

\ Let's think! /

「活得良善」是什麼意思呢？

思考提示 P.24～35

生於17世紀法國的笛卡兒，提出了「哲學的出發點，必須是任何人只要理性思考就能夠接受的」這個觀念。此外，他也確信「我思，故我在」這個真理，即根據「每個人天生就具備理性」這項前提，懷疑所有的存在，但只有「正在懷疑的我」的存在是不容懷疑的。這種做法稱為「方法論上的懷疑」，任何人都可以實際嘗試看看，它展現了哲學的普遍性理念。

\ Let's think! /

何謂「自己」？探究一下自己的存在吧！

思考提示 P.36～47

18

世紀末的法國大革命後，拿破崙崛起，革命的理念傳播至整個歐洲，因而掀起了強調個人的自由與平等的自由主義潮流。在著重個人意見的時代下，黑格爾探尋著實現所有人的「自由」的原理（方法）。最後他認為，每個人從自己的欲望中選出真正的「善」，並且互相接納各自的「善」（相互承認），便能實現理想的自由社會。

＼Let's think!／

跟意見不同的人討論，找出妥協點吧！

思考提示　P.48～63

隨著科學的發展，這個時代的基督宗教式價值觀已顯現出極限。尼采宣告「上帝已死」，並且批評基督宗教的道德是「奴隸道德」。他認為把差勁與弱小視為「善」，把強者視為「惡人」的行為，是出於嫉妒（憤懣）心理的價值反轉。此外，尼采也主張無神時代的「倫理」原理，即是不跟他人比較，而是從自己的內在找出，判斷何者為善何者為惡的價值標準。

\ Let's think! /

為什麼自己會嫉妒別人呢？
試著找出原因吧！

思考提示 P.76～87

鄂蘭生於20世紀的德國，是一名猶太人，為躲避納粹的迫害而流亡至美國。戰後，她旁聽納粹幹部阿道夫・艾希曼（Adolf Eichmann）的審判，認為猶太人遭受的迫害，是停止思考與判斷的平庸人所犯下的罪行。當人放棄思考，聽從他人的意見時，就有可能變成惡魔。鄂蘭犀利地指出，這並特殊的情況，而是一般人也有可能發生的事。

\ Let's think! /

主動留意
日常生活中
令人在意的小地方。

思考提示 P.100～111

哲學是一個為所有人開放的「舞臺」

親近哲學之前，一定要先掌握的5個步驟

STEP 1 初學者應有的心態

不該從哲學家的「名言」中尋求答案

一聽到「哲學」，大家往往會想到「記住偉大哲學家所說的金玉良言，將之化為自身人生養分的一門學問」。但是，哲學能夠提供的並非人生的正確答案，而是用來思考「要如何生存」的原理（方法）。從前的哲學家，他們的思想是依據當時的時代、當時的狀況而形成的。哲學則是將這些思想應用於活在此刻、此處的自己身上，用來導出自己能夠接受的答案之工具。

STEP 2 養成自行思考的習慣

別將哲學家說的話照單全收，先自己動腦想想看

跨越歷史流傳到現代的哲學家言論（名言），具有相當大的影響力。這些話不僅動聽又震撼人心，讓人不禁覺得「這一定傳達了事實真相」。但是對自己而言，這句話真的是對的嗎？你需要暫時保留這句話，別照單全收，然後再一次自己動腦想想看。

STEP 3 挑戰原文書

哲學書沒辦法只看一次就能理解

若想瞭解哲學思想，重點還是得閱讀原文書才行。不過，哲學書很難只看一次就理解。建議邊看邊寫筆記，反覆閱讀好幾遍。

STEP 4 精讀原文書

即便是家喻戶曉的哲學家，寫出來的文章也未必簡單易懂

著名的哲學家不見得都是寫作高手，當中也有不少人寫出來的文章艱澀難懂。別對自己的理解能力感到失望，要有耐心地閱讀，推斷作者的動機。

STEP 5 要是迷上了哲學……

盡量跟朋友或夥伴分享自己的想法

一個人思考，有時會突然覺得空虛。不妨結交能發表自身意見的夥伴或朋友，或是加入社群。此外也很建議跟同樣感興趣的人，共組哲學書的讀書會。

第1章

開啟哲學的大門

與哲學家的邂逅

身為「哲學煩惱研究所」成員的哲學家們，
將一邊解決各個登場人物的煩惱，
一邊簡單教導大家如何「用哲學來思考」。
相信應該可以推翻「哲學＝困難」這個印象。

如何跟社群網站打好交道!?

——那麼，我剛才也說過，對哲學而言「對話」是很重要的。

先讓我聽聽妳的煩惱……

啊!!

柏拉圖
西元前427年－
西元前347年
古希臘哲學家

我想起來了！

柏拉圖不就是活躍於古希臘的著名哲學家嗎……!?

世界史好像有學過！

嗯？

這張照片裡的人也很眼熟……

煩惱的粉領族
繪理香

哦哦哦!!
妳認識蘇格拉底老師嗎！
蘇格拉底老師是我很尊敬的恩師。
呵呵呵……
我原本立志當個政治家，但老師的哲學感動了我，所以才踏上這條路！

只不過老師有點怪，他非常喜歡與人論戰，而且每次都一定要徹底辯倒對方，凡走過必留手下敗將……
ゴゴゴゴ…
總之，我是為了向世人推廣老師的哲學才待在這間研究所的！
真、真是熱血呢……！
ゴルギアス
国家〈上〉
パイドロス
ソクラテスの弁明
法律

※轟轟轟轟……

好啦，
快跟我說說妳的煩惱吧！

呃……我剛才也說過，那只是個微不足道的小煩惱。

……其實我很害怕社群網站。
ズゥゥゥン…
※沮喪

害怕……？

最近不是越來越流行嗎？
雖然晚了點，我也開始使用社群網站了……

剛開始的時候
真的很有趣。
我會瀏覽
大家的照片與發文，
還會上傳
自己的照片，
看完別人的發文
也會留下感想。

可是，看到大家
陸續放上精彩的照片，
我就不由得焦慮起來，
認為自己也要努力
上傳好照片……

用餐的時候
大家也都忙著拍照，
感覺好像
在互相競爭按讚數
或跟隨者人數。

公司裡的同事
也是一樣，
總是有一股
無聲的壓力，
要求我一定
得幫他們的發文按讚。

本來玩得很快樂的，
不知怎的最近卻
越來越煩悶……
這種感覺
是怎麼回事呢～

嗯。

……妳也想
在社群網站上
被大家吹捧吧？

才、
才沒
這種事……
ドキッ
※驚！
沒事的！
想透過某種方式
獲得喝采，
是每個人
都有的願望。
如果得到喝采
就能心滿意足的話
當然就沒問題。
古希臘也有
許多這樣的人。

但是，這種事讓妳莫名煩悶……
對……
那麼，妳曾經思考過「照顧靈魂」這件事嗎？
※果然很可疑……？
靈魂……？

啊……靈魂是指，現在所謂的個性、內在、興趣這類東西啦。
※鬆一口氣

想要活得更好，就得注意身體健康。
同樣的，靈魂也該好好照顧不是嗎？

舉例來說，
這件衣服
真的是自己
想穿才穿的嗎？
咦……？
這個嘛……
這一餐選擇的
是自己
想吃的東西嗎？
這個地方
自己真的想去嗎？

別管他人會怎麼想，
試著以自己是否
覺得舒服為標準來思考……
妳認同與接受，
一整天盯著
社群網站
的做法嗎？

……的確，其實我比較喜歡穿褲子，因為舒服又方便。
比起西餐更喜歡吃日式料理。
假日有時也想一個人悶在家裡……

……原來如此。只要像這樣思考並且選擇能讓自己活得舒適的做法，
或許就能逐漸掌握到正確答案……

笑
沒錯！
燦
像這樣面對自己動腦思考，
正是哲學的起點！

▸▸▸ 詳細介紹請看P.178

想活得更良善，那就「照顧靈魂」吧！

煩惱的粉領族繪理香為什麼會覺得煩悶？

應該有不少人都會趁著一天之中的空檔查看社群網站吧？大家除了瀏覽朋友或名人的發文外，有時也會在社群網站上分享自己的近況吧。這種時候，發文的按讚數越多，心情當然就越愉快；如果完全沒人按讚，想必就會很沮喪。這樣的心情是源自於「希望別人看著自己」、「想要得到他人的肯定」，這種對於自我價值肯定的欲望。不只現代如此，在古希臘時代這又稱為名譽欲，是每個人都有的一種欲望。

柏拉圖的老師蘇格拉底就生於那個時代的希臘，他曾提出「照顧靈魂」的概念。這裡的靈魂是指人類的精神性，也就是心理狀態。蘇格拉底呼籲人們省視自己的內在，仔細確認受人肯定的生活方式，能否算是自己所期望的生活方式。人類真正該關心、照顧的，應該是自己的內在，而非地位與名譽這類外在的面子吧。

解讀柏拉圖
KEYWORD

照顧靈魂

關心靈魂活出自我

人真正該考慮的，並非提高社會評價這類表面的事物，而是關心照顧自己的內在。找出能活得更良善的辦法，便能發現自己本來該採取的生活方式。

真正重要的不是活著，而是活得良善

何謂對自己而言的「善」？

讓靈魂朝著更良善的方向發展。蘇格拉底認為，活著時不關心照顧自己的內在，只會在意他人目光的話，不能算是「活得良善」。

《蘇格拉底申辯篇》、《克里托篇》

「活得良善」是什麼意思呢？

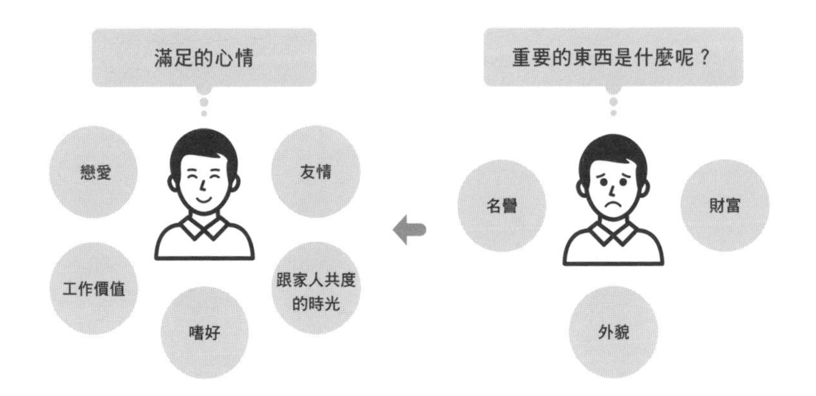

認真思考自己真正在追求的東西，或是應該追求的東西。用不著去想「善」或「美」之類複雜的概念，重要的是自己是否在日常生活當中得到滿足。

獲得金錢或社會地位、打理外表，或許可以提高他人對自己的評價，但不見得能琢磨自己的內在。

哲學思維的淵源是？

探究「追求真理」的柏拉圖人物形象！

遇見恩師蘇格拉底一事改變了柏拉圖的人生。

★1
指自西元前5世紀起，以雅典等地的富裕階層為主要對象，收取學費，傳授辯論技巧、政治與法律等學問的知識分子。由於目的是說服他人，智辯家往往將真理或倫理之類的標準棄之不顧。代表人物有普羅塔哥拉斯（Protagoras）、高爾吉亞（Gorgias）。

柏拉圖的人生起伏走勢圖

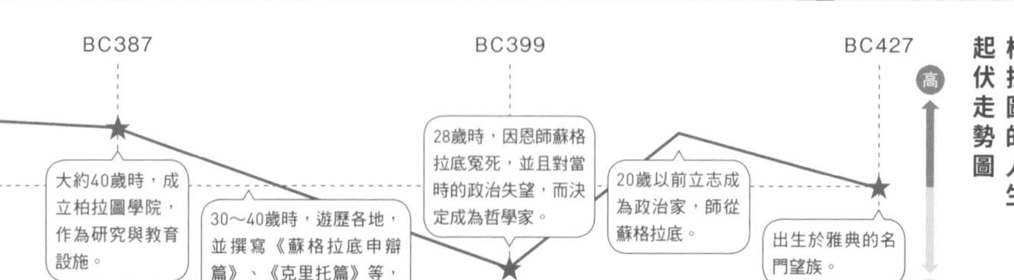

蘇格拉底老師就是在這樣的氛圍中認真思考，擁有表面上的地位與名譽，真的就能幸福嗎？

已讀
08：08

原來如此……現代或許也可說是差不多的情況。

已讀
08：09

可是最後，蘇格拉底老師因「使青年墮落罪」★2而接受審判，結果被判處死刑。

已讀
08：10

這根本是莫須有的罪名，但老師仍毅然接受法律的判決。★3老師這種追求「真正的正當」的生活方式，也是促使我探求自己的哲學★4的起因。

已讀
08：11

★2
政治家們將伯羅奔尼撒戰爭（以雅典為首的提洛同盟，與以斯巴達為首的伯羅奔尼撒聯盟之間的戰爭）的敗因歸咎於哲學家，並以「不承認國家所信仰的神，使年輕人墮落」的罪名控告蘇格拉底。

★3
蘇格拉底雖然在法庭上為自己申辯，但依然被判處死刑。儘管周遭勸他逃亡，他卻決定接受判決，最後自行喝下毒酒而亡（參考P.113～的漫畫）。

★4
蘇格拉底貫徹自己的「活得良善」之信念選擇死亡一事，令柏拉圖大受打擊。後來他繼續探究「什麼是真正的正當」這門哲學，發展出理型（P.178）這個獨特的思想。

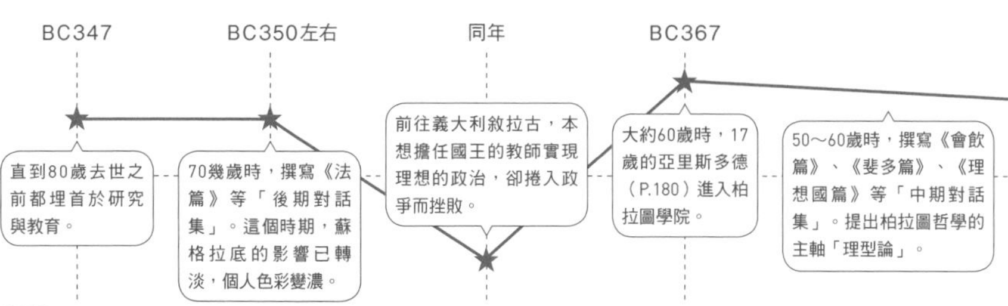

升學的意義是什麼!?

唉……
煩惱的高中生
阿學

怎麼在嘆氣啊？
ガラ
※嘎啦
讓你久等了，我們回去吧。

啊！對了，這次的期末考你又是第一名吧？

真羨慕你～
成績這麼好，你一定打算報考國立大學吧？

嗯……
呃？不是嗎？

沒有，我要升學。
……大概。

但是坦白說，我覺得每間大學看起來都一樣……

不管怎樣，父母叫我去考頂尖的大學。
這應該是正確的選擇吧。

奇怪？這裡原本有貼這張紙嗎？
懷疑一切！
懷疑……一切？
懷疑一切！

歡迎來到
我的研究室。

嚇！
這裡是……!?

我是笛卡兒。
這裡是煩惱者
都會不小心走進來
的煩惱研究所。
勒內·
笛卡兒
1596–1650
法國哲學家

因為你一直
不去正視自己，
我才會忍不住
把你請進來。

我不正視
自己……？
你在說什麼？

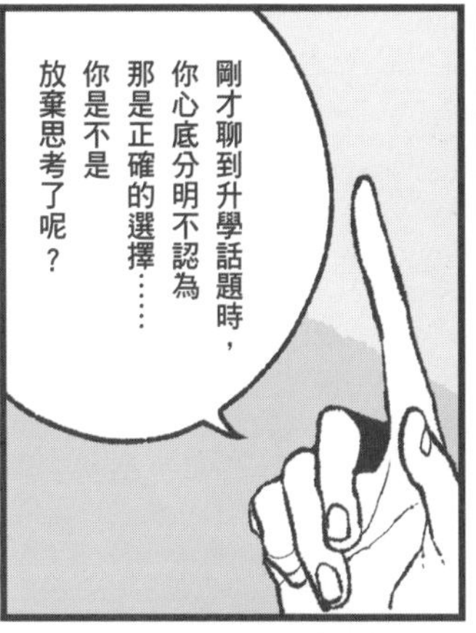
剛才聊到升學話題時，
你心底分明不認為
那是正確的選擇……
你是不是
放棄思考了呢？

咦……？
可是，上大學
是不是正確的選擇，
現在怎麼會曉得呢。
更何況父母也叫我
報考大學，我只好
聽他們的話……

這樣啊……
既然你不知道
該懷疑什麼才好，
要不要試著
懷疑一切呢？

懷疑一切？

舉例來說，你真的該升學嗎？
你應該念書嗎？
話說回來，你為什麼要念書？
是為了什麼目的要在大學學習？
有沒有其他該做的事？

只要像這樣懷疑下去，應該就能找到你的正確答案。

???
不對啊，要是像這樣懷疑一切，那不就什麼都不能相信了嗎？

錯！才沒這種事呢！
像我就是不斷懷疑一切……最後得出「我就是我」這項事實！

什、什麼意思？
舉例來說
這顆蘋果可能不存在
拿著蘋果的自己也可能不存在
這個世界也可能根本就不存在
但是，正在懷疑這一切的「我」確實存在！
無論我再怎麼懷疑任何事物，唯有「我正在思考」這件事是毋庸置疑的事實。

是……
好複雜

只要我思考，「我就是我」這件事便不會改變……
這是借助人類與生俱來的理性能力持續思考的我，好不容易才找到的一個答案。

即便如此，我依然繼續懷疑下去。
為了更加接近自己的理想。
……的確，之前就算叫我思考未來，我也不知道該如何思考。
所以才會聽從別人的意見，
而放棄靠自己來認真思考也說不定。

不過，只要懷疑一切深入思考的話，或許就能找到屬於我的真正答案。
是這樣沒錯吧？

……學。
驚醒
阿學，你怎麼了？
為什麼突然安靜下來？
咦？
……？
剛才是……作夢嗎？

懷疑一切！

好！我也要先試著懷疑一切！
什麼？

▸▸▸ 詳細介紹請看P.182

「懷疑一切」，找出眞正的自己！

煩惱的高中生阿學所發現的新價值觀是什麼？

我們對於從小就被周遭灌輸的事物，也就是一般所謂的「常識」大多深信不疑。即使隱約感到疑惑，應該也很少會去再度確認。不過，被譽為近代哲學之祖的笛卡兒，就是藉由「懷疑一切」（如同字面上的意思），建立了其中一個哲學原理。

笛卡兒所用的思考法稱為「方法論上的懷疑」。先提出「每個人都具備理性」這項前提，然後將感覺、包圍自己的世界、思維等等，但凡有一點點不確定的因素，就視為應該懷疑的對象並且排除在外。徹底懷疑了一切後，最終留下來的只有「正在懷疑的自己」，因此結論就是「我思，故我在」。笛卡兒提出的是，任何人都可以嘗試的哲學思考法。這種思考法展現了理性的可能性，即人類不僅能夠重新思考自己的存在，也能夠重新思考包圍自己的一切事物。

解讀笛卡兒
KEYWORD

方法論上的懷疑

從懷疑一切開始

刻意懷疑一切事物，導出任何人都能接受的真理。這是為了認識世界，以及訂立作為眾人起點的事物（原理）而構想出來的方法。

理性

所有人都具備的東西

能夠合理判斷真假、瞭解世界全貌的能力，又稱為良知（le bon sens）。笛卡兒認為，所有人都天生具備理性。

《談談方法》

刻意懷疑一切事物來確認自己的存在

如果徹底懷疑，便會覺得沒有一樣東西是可靠的。不過，正在懷疑的自己是唯一能夠留下來的存在。這即是「我思，故我在」的根據。

感覺有許多模糊不清的可疑之處。自己的身體與周遭的世界是否真的存在，同樣存有疑問。思維也有可能出錯，因此並不可靠。

哲學思維的淵源是？

探究「理科哲學家」笛卡兒的人物形象！

笛卡兒將數學思維帶入近代哲學。

★1
X軸與Y軸組成的一般座標系，又稱為「笛卡兒座標」。

笛卡兒的人生起伏走勢圖

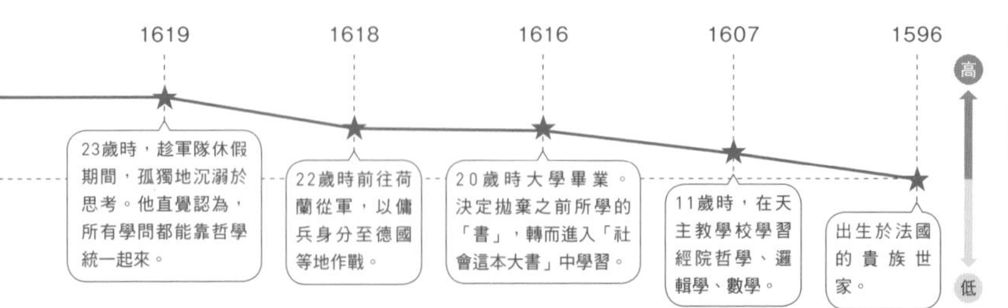

什麼——！

已讀
17：06

我提出方法論上的懷疑★2這項思考法的著作，正式的書名就叫做《談談方法以及論三項測試（折射光學、氣象學、幾何學）》。

已讀
17：07

也就是說，笛卡兒先生既是哲學家又研究數學嗎？

已讀
17：07

數學是根據公理或定義來推理各種命題，導出正論。同樣的，只要運用理性★3正確推論事物，應該也能得出世界的真理才對……

已讀
17：08

我認為，數學思考法正是所有學問的基礎。

已讀
17：09

★2
哲學思考法的基礎。笛卡兒認為，運用方法論上的懷疑，能夠重新掌握各門學問的基礎，重新檢驗其意義。

★3
笛卡兒哲學的優秀之處在於，只要運用人類都具備的理性，任何人都可以實行方法論上的懷疑。就連他提倡的「我思，故我在」的正確性，也是任何人都可以運用自己的理性重新檢驗。這個可能性開拓出哲學的新領域。

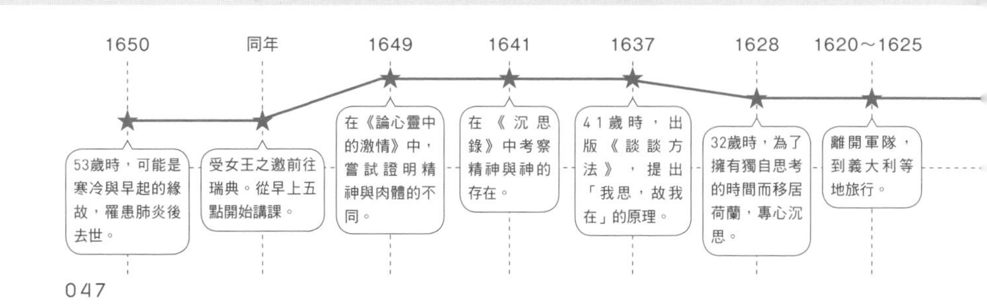

對抗職權騷擾的方法是!?

死氣沉沉
煩惱的派遣員工
晴子

康德前輩。
什麼事？黑格爾。
那個人顯然正在煩惱什麼吧。
……是嗎？
是啊！
伊曼努爾·康德
1724–1804
德國哲學家
格奧爾格·黑格爾
1770–1831
德國哲學家

不能對正在煩惱的人置之不理！
只要大家交換意見，一定能找出解決辦法！
我們去問問她吧！

不對！人應該靠自己不斷思考、追求理想才對吧？
更何況我的散步時間……
我不是常說，沒有人一開始就能靠自己達到完美嗎！
況且距離平常的散步時間還有15分鐘。
GO GO!
只剩13分25秒了。

不好意思，冒昧打擾妳。請問妳有什麼煩惱嗎？
咦？

啊，我們是煩惱者的盟友！隸屬於哲學煩惱研究所的哲學家。
是……
方便的話請告訴我們妳的煩惱！我們或許能幫上忙。

笑咪咪
笑咪咪
板著臉

哲學？
嚥口水

其、其實是這樣的。
公司裡的上司非常盛氣凌人……
座位在我隔壁的香織小姐被盯上，時常遭到上司職權騷擾，可是我卻無能為力，所以才很煩惱。
那怎麼行，這樣違反了「正義」。
※轟——！
咦……
妳應該鼓起勇氣跟上司講道理吧。
雖然動物在面對恐懼時一定會逃跑，但人類是可以靠理性戰勝恐懼、勇敢面對的生物。
ズイッ
※逼近

這才是人類的「自由」啊！
※咚咚！

我當然明白啊！
※哇啊！
可是我只是個派遣員工，一想到那位上司要是討厭我，契約可能會中止我就……
萬一工作突然沒了該怎麼辦，我還有房租要繳，也要償還助學貸款，而且又沒什麼存款！

唔……這個嘛……
真是的～前輩每次都這樣，你太一板一眼了。

人是無法單憑理想抵達那個境界的。
況且現實的問題也常會阻礙人前進。

選擇妳自認為最好的方法才是「真正的自由」吧？
「正義」這種東西，必須與他人交談才會逐漸顯現出來。
三角形
?
圓形
原來是圓錐體！
舉例來說，有個人看了某個圖形後說它是「圓形」，另一人則說它是「三角形」。
乍看之下他們的意見是對立且相反的，但只要加深雙方的理解，就能將意見提高一個層次，得出「這圖形其實是圓錐體」這項結論。
原來如此，這是很棒的辦法……
可是具體來說，我該怎麼做才好呢？

建議妳可以先逐一找出，
!?
能夠認同妳所認為的「正義」、與妳產生共鳴的人。

不管是公司內部的人或外部人士都沒關係。
當多數人都認同時，這個意見就會在妳生活的世界裡成為「正義」。
驚！

說、
說得也是。
就算一個人辦不到，
只要跟其他人聯手，
說不定就能發現
解決問題的線索。
我先試著找找
應該能夠
商量的人好了！

不知怎的
我湧現出勇氣了！
謝謝你……
散步時間到了，
所以前輩
他先走一步。
告辭！
……們。
奇怪？
我行我素也是
人類的自由喔！

▸▸▸ 詳細介紹請看P.194

順從理性，人就能活得自由！

對於派遣員工晴子的煩惱，康德所主張的人性是什麼意思呢？

康德是活躍於18～19世紀的哲學家。據說他非常守時，每天都按照自己訂立的日程表行動。還有傳聞說，人們會以出門散步的他為基準來幫手錶對時。對康德而言，這種生活方式才是非常「自由」的狀態。因為他認為，人類的自由在於順從理性自律地生活。

康德提倡的道德論，是要人類時時遵照普遍立法（透過理性導出的、對任何人而言皆為善的普遍規則）來行動。道德行為並非「因為○○，所以去做△△」，這種配合個人情況附帶條件的行為，而是要無條件去做的「該做的事」。

不過，社會是價值觀相異的人們組成的共同體，要個人徹底過著符合道德的生活，從現實層面來看是很困難的。於是，黑格爾（P・60）提出另一個方法，就是跟他人一起找出規則的標準。

解讀康德
KEYWORD

道德法則

任何時候都適用於所有人的規範

任何人都適用的普遍、客觀的規則，不能以宗教或文化等習俗慣例作為根據。能夠只憑自己的理性去斟酌，判斷為「符合道德」的規則。

定言令式

無條件地「去做○○」之命令

道德的根據。一種命令規則，要求自己的意志總是採取符合普遍立法（右頁）的行動。舉例來說，不該「因為能取悅對方才對人親切」，應該順從理性的命令義務性地「對人親切」。

《實踐理性批判》

道德法則與原則若是一致，就能夠得到自由

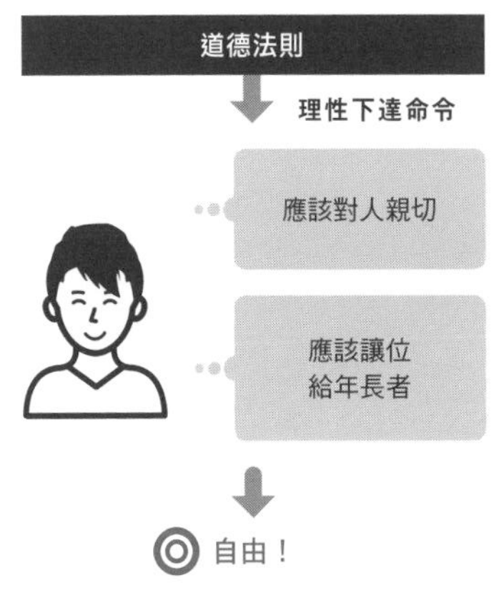

遵從道德法則，也就是理性對自己下達的「定言令式」而行動，是符合道德的。此外，人要過著符合道德的生活才能得到自由。

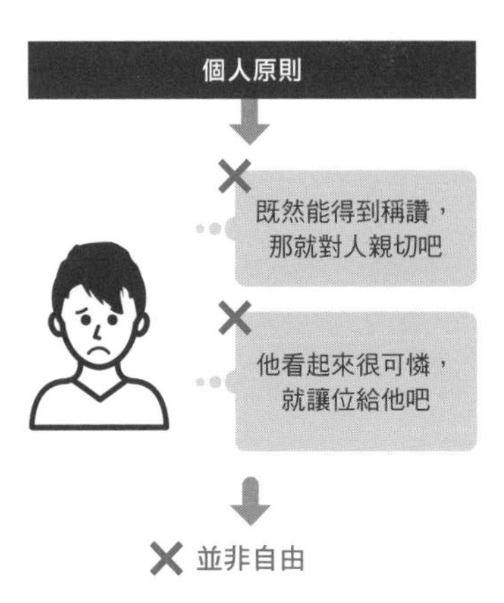

康德認為，藉由為他人做事來讓自己幸福的行為，到頭來只是順從自己的欲望罷了，並不符合道德。

探究活得「自由」的康德人物形象！

堅持過規律生活的那股動力，也是康德哲學的要點。

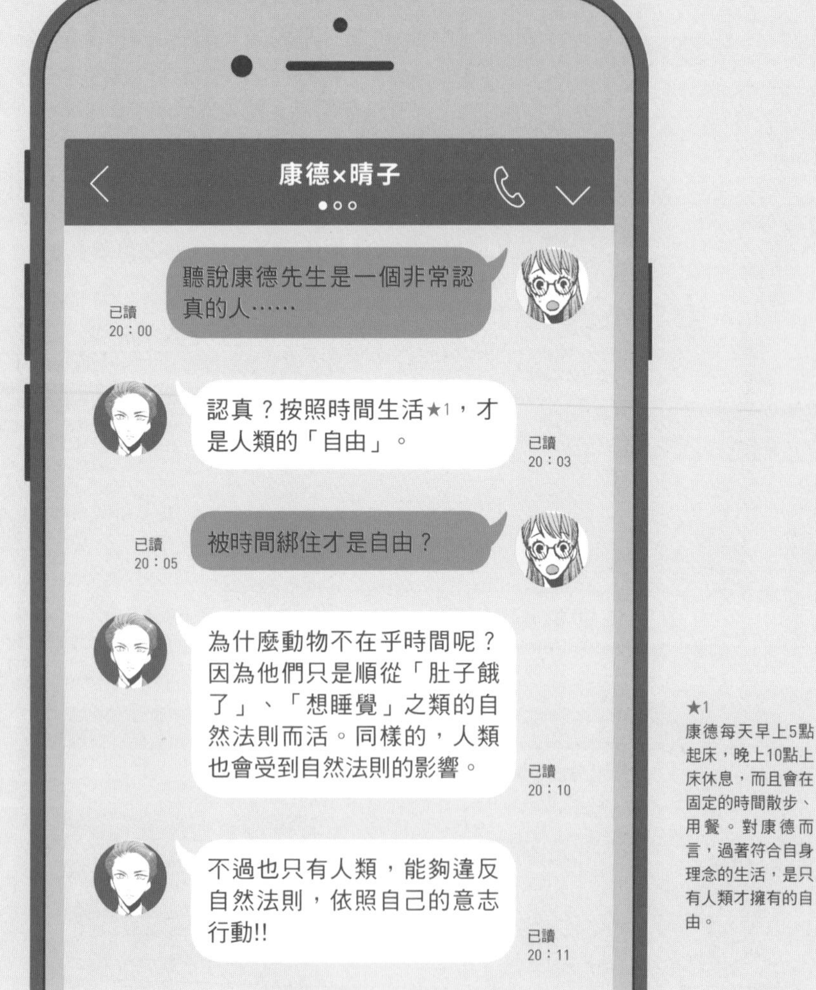

★1
康德每天早上5點起床，晚上10點上床休息，而且會在固定的時間散步、用餐。對康德而言，過著符合自身理念的生活，是只有人類才擁有的自由。

康德的人生起伏走勢圖

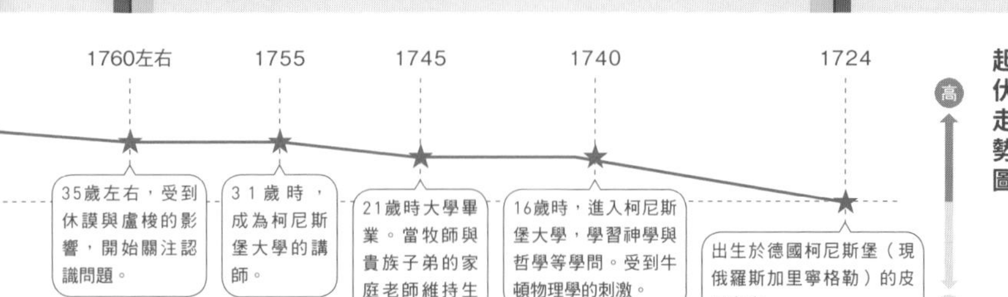

★2
盧梭（P.190）在1762年出版的、小說形式的教育論。他在書中主張，尊重孩子與生俱來的善性，促進他們自由且自然地成長是教育的根本。在當時是很前衛的教育論，康德更表示「自己從這本書中學到了尊敬人類」。

例如雖然很餓，卻忍著不吃飯繼續工作……之類的情況嗎？

已讀 20：11

難道妳不覺得，這正是人類被賦予的選擇自由嗎!?

已讀 20：12

好複雜啊……

已讀 20：13

不過，我也曾錯過平常散步的時間。

已讀 20：14

我就說嘛……！

已讀 20：14

因為我看盧梭的《愛彌兒》★2 看得入迷……一不小心就忘了時間。

已讀 20：14

愛彌兒……？

已讀 20：15

是當時的暢銷書，很值得一讀喔。

已讀 20：16

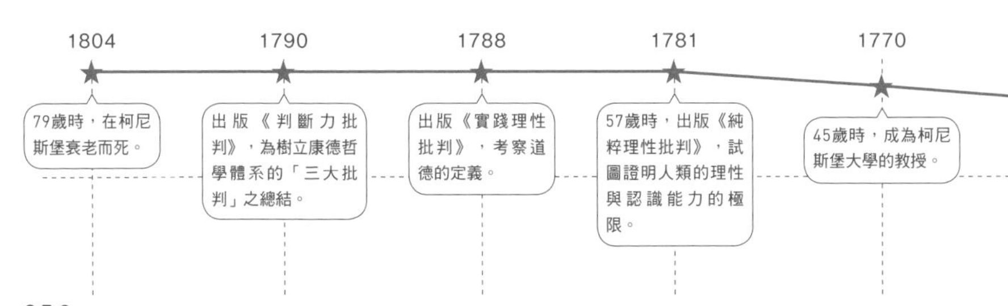

▸▸▸ 詳細介紹請看P.196

互相切磋意見，建立眞正的自由關係！

煩惱的派遣員工晴子該如何突破現狀？

康德（P．56）主張，只要以理性來思考，便能判斷何者符合道德。此外他也認為，符合道德才是人類的「自由」。然而實際上，人類的理性並非萬能，要判斷個人在某狀況下做出的一個選擇是否真的符合道德並非易事。

繼康德之後出現的德國哲學家——黑格爾則認為，「自由」一開始出現在意識裡，之後才逐漸在自己與他人的關係中實現。康德主張的自由，得擺脫欲望自行掌握住才行。這是理想上的自由，通常很難實現。黑格爾則探究每個人都可以實現的「自由」。他認為，只要每個人從自己的欲望中選出真正的「善」，然後互相接受彼此的「善」（相互承認），就能逐漸實現更為自由的社會。

早在18世紀，黑格爾就從商業領域所謂的「雙贏關係」中，發掘出人類特有的自由關係。

解讀黑格爾
KEYWORD

自由

人可在自己與他人的認同關係中實際感受到自由

共同體的「善」，因個人價值觀不同而有各式各樣的種類。只有在跨越文化與人種之類的差異，尊重個人的人格，互相認同的關係當中，才能實際感受到自由。

辯證法

讓對立矛盾的意見互相碰撞，以達成更好的結論

發現主觀意見的矛盾之處，並與他人的意見互相切磋協調，以形成更好的意見。意見的對立與協調，能創造出更出色的概念。

《法哲學原理》、《精神現象學》

利用「辯證法」實現更良善的社會

互相交換主觀意見，可提高層次形成普遍且客觀的意見。

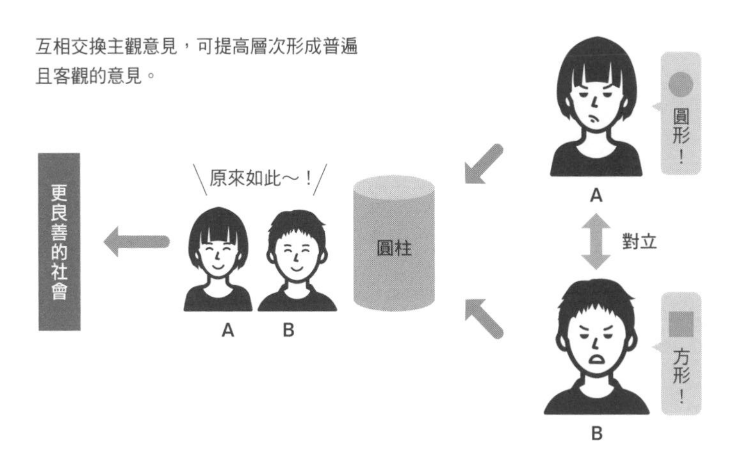

哲學思維的淵源是？

探究「知識巨人」黑格爾的人物形象！

生於靠革命建立近代國家的時代。

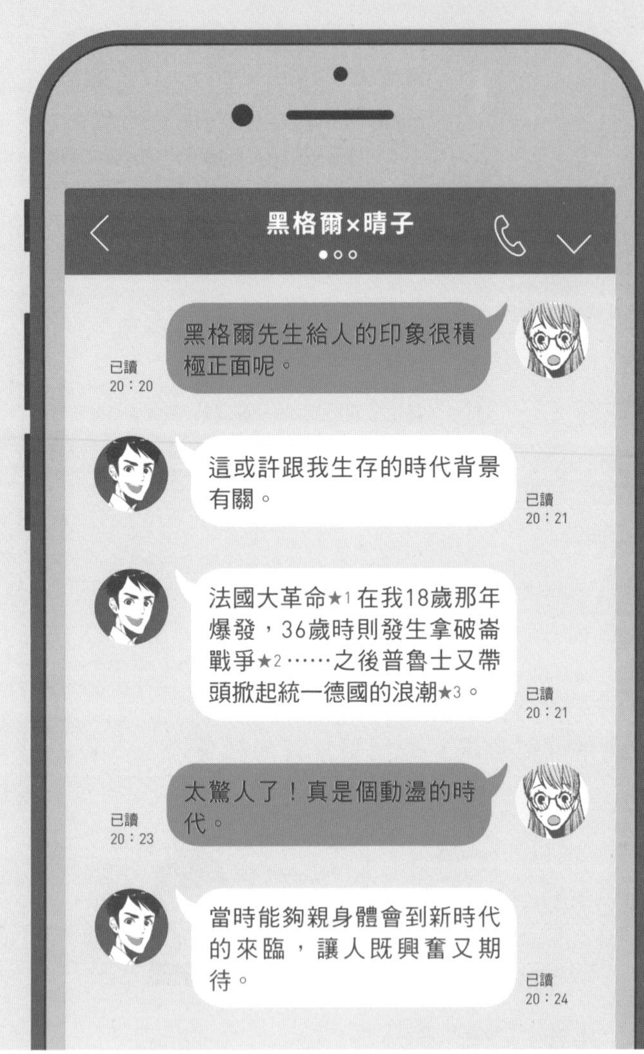

★1
1789～1799年於法國爆發的公民革命。君主專制時代末期，中產階級與一般民眾發起行動，廢除絕對君主制並頒布人權宣言，承認所有人都擁有平等的權利。這種「人權」的理念，日後為西歐帶來重大的影響。

★2
拿破崙一世發起的一連串戰爭。革命後的法國政局持續不安，身為革命軍司令官的拿破崙發揮軍事才能，獲得民眾支持。1799年取得獨裁權力後，便進軍各地掌握歐洲大陸的霸權，並且推廣法國大革命的理念。黑格爾曾見過攻打耶拿的拿破崙，並留下「我看到了馬背上的世界精神（指壓制、征服世界的個人）」這段記述。

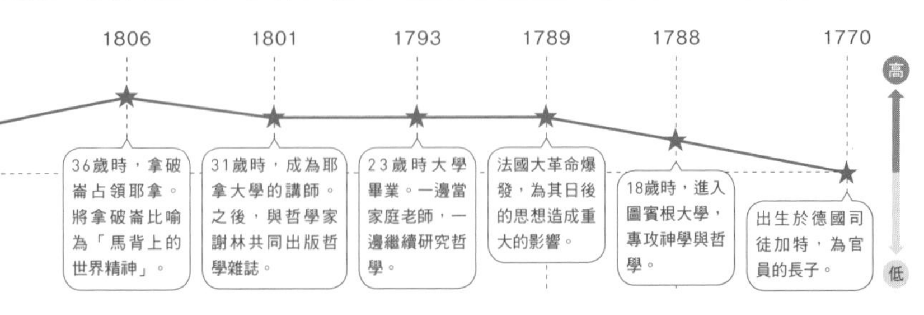

10幾歲的我曾大力讚揚法國大革命……但是，看到國家後來遭遇的波折，讓我開始思考實現「真正自由的社會」需要什麼東西。

已讀
20：25

的確，發動革命的話會造成許多犧牲呢。

已讀
20：26

只要消除人們對立中的矛盾、加深認識★4，最後世界就會往更好的方向發展。我本來是這麼相信的，但……

已讀
20：27

到了現代，不僅出現各式各樣的價值觀，同時也產生各種矛盾，看來普通的做法很難行得通呢……

已讀
20：28

★3
德國原本是由幾個分散的小國家集合而成，後來在拿破崙的統治下進行自由主義改革，因而喚醒了民族意識。19世紀中期，普魯士掌握了統合德國的主導權。1871年，德意志帝國成立。

★4
黑格爾提倡的哲學方法基礎。認識2個對立事物中的矛盾，克服兩者的差異，事物就能進化至更高的層次。又稱為辯證法。

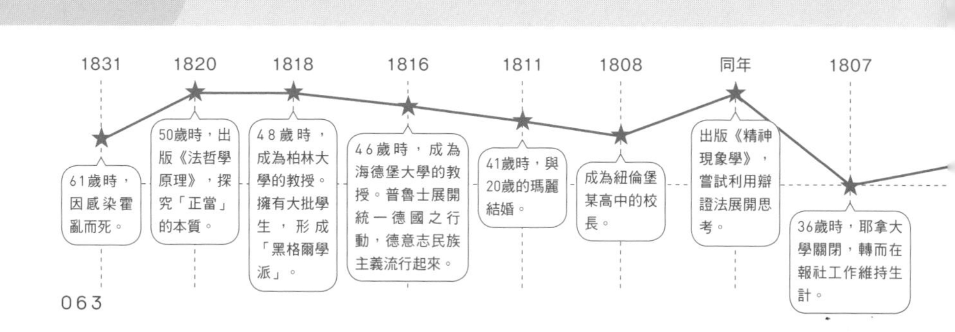

我相信總有一天，真命天子絕對會騎著白馬來接我！
所以人家一直在等這一天到來。
煩惱（?）的女性
美優子
妳年紀也不小了，別一天到晚說夢話。
男人只要結了婚，馬上就會跟年輕女生搞外遇。
煩惱（?）的女性
裕惠

根本不可能會出現
永遠只愛自己的人，
妳快點清醒吧！
咦～!?
妳怎麼滿腦子
都是這種冷冰冰的
想法呢，真可憐。

這間煩惱研究所
會用哲學
幫人解決問題吧？
俏皮❤
請救救裕惠，
幫助她擺脫
這種想法。

什麼!?
我才要請他矯正妳這種逃避現實的想法！
嗯……
喀嗒
要我來說的話，妳們兩位都正面臨「絕望」呢。
索倫．齊克果
1813–1855
丹麥哲學家

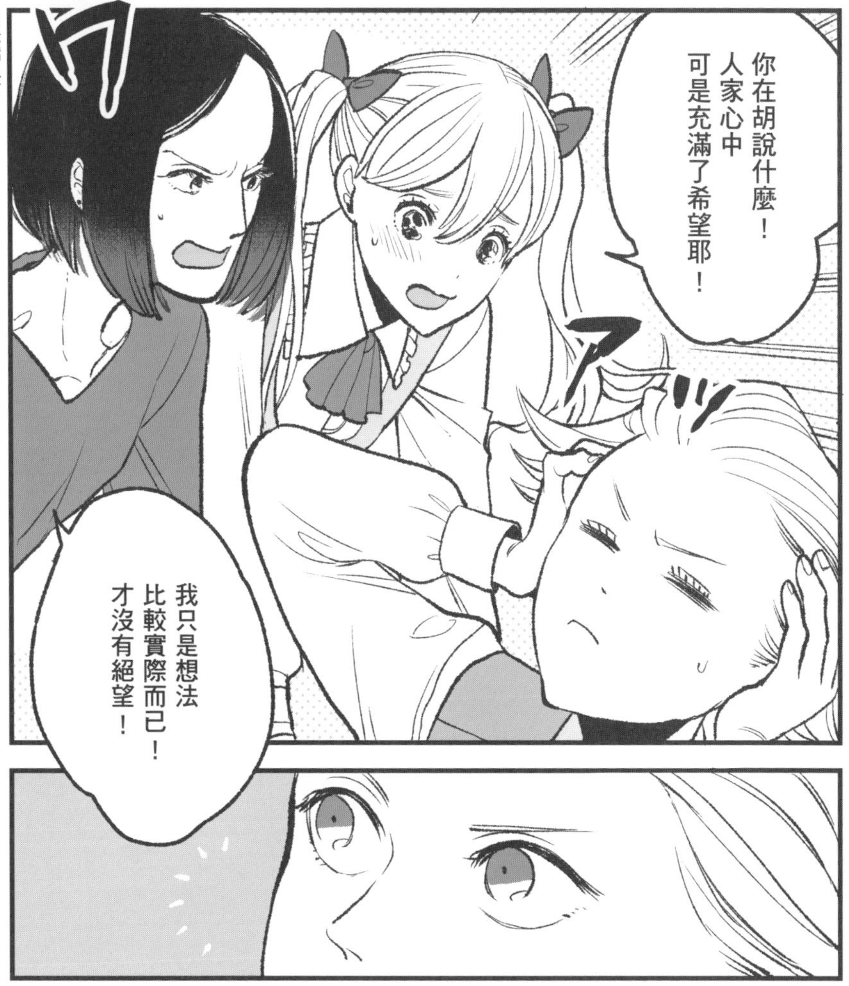

※七嘴八舌

我認為，
逃避現實
沉溺於
過度的幻想，
以及全盤否定
這類幻想，
依賴世俗想法，
放棄自行思考，
這兩種情況
都是絕望。

唔……
既、
既然
你說，
沉溺於幻想與
注視現實
都是絕望……
我們到底
該怎麼做
才好！
別急別急，
先冷靜下來。

舉例來說，
假如有個人快要昏厥了，
一般人都會大喊：
「拿水過來！」
然後把水潑在他身上吧？
バッシャーン
※嘩啦
如果有人快要絕望，
我就會大喊：
「拿可能性過來！」
可能性……？
你是指，白馬王子
總有一天會出現的
可能性嗎!?
斬釘截鐵
並不是。

妳別只是等待理想對象出現，
唔。
主動展開行動的話，比較能增加遇見對象的可能性吧？

妳有沒有考慮過，努力與男性建立良好關係的可能性呢？
……

不要依賴幻想與世俗想法，不要放棄理性，
站起！
相信自己的可能性。
這就是擺脫絕望的辦法。

自己的可能性……

……也對……
與其就這樣
片面斷定放棄思考，
多試著尋找
其他的可能性
或許會更好……

況且～
瞄……
齊克果老師
完全是
人家的菜♡
不好意思，
我已經
有心上人了。

▸▸▸ 詳細介紹請看P.206

不要「絕望」，活出自我！

煩惱（？）的女性美優子＆裕惠為什麼會面臨「絕望」呢？

美

優子夢想著「理想的男性總有一天會出現」，裕惠則實際地認為「男人是會劈腿的生物」。兩者的意見看似截然不同，但對齊克果而言，她們都處於「絕望」狀態。

齊克果是一位探究人類存在的原有樣貌，也就是「獨一無二的這個我」，繼而開創「存在哲學」的哲學家。他在著作《致死之病》中，談論自己對「絕望」的看法。

他認為，絕望可分成四大軸。一是「無限性」的絕望，即無限想像幻想的自己而心滿意足；二是「可能性」的絕望，即不去正視自己原有的可能性；三是「有限性」的絕望，即以世俗的價值觀束縛自己而心滿意足；四是「必然性」的絕望，即認為「只能聽天由命」而死心放棄。四者都是迷失自己，對現實失去希望。唯有正面接受「現在的自己」，才能夠選擇自己特有的生活方式。

解讀齊克果

KEYWORD

絕望

迷失原本的自己之狀態

絕望分成兩大方向。一是只追求背離現實的理想（「無限性」與「可能性」的絕望），二是放棄理想遵循社會或周遭的標準而活（「有限性」與「必然性」的絕望）。兩者都是迷失自己，對現實失去希望。

存在

主動活在當下

在齊克果以後的存在哲學中，是指有別於單純的「物體」存在，人類存在的特有狀態。即活在僅此一次的人生中的「這個我」之存在。

《致死之病》

想一想自己是否面臨「絕望」

絕望 ①

薪水能不能調漲呢
能不能遇到好對象呢
想快點出人頭地
社會
……

不去正視現在的自己，對背離現實的理想懷抱夢想。現實的自己被拋下，現實不存在希望。要成為理想的自己，只能面對現實。

絕望 ②

嗯，大概就這樣吧
社會地位
高薪
娶妻生子
社會
他很成功！

不去正視自己原本應有的樣子，以周遭視為「善」的生活方式來束縛自己。即使在社會上成功了，可能性也會受到限制，因而陷入絕望狀態。

哲學思維的淵源是？

探究「單獨者」齊克果的人物形象！

最早將焦點放在「獨一無二的這個我」上的哲學家。

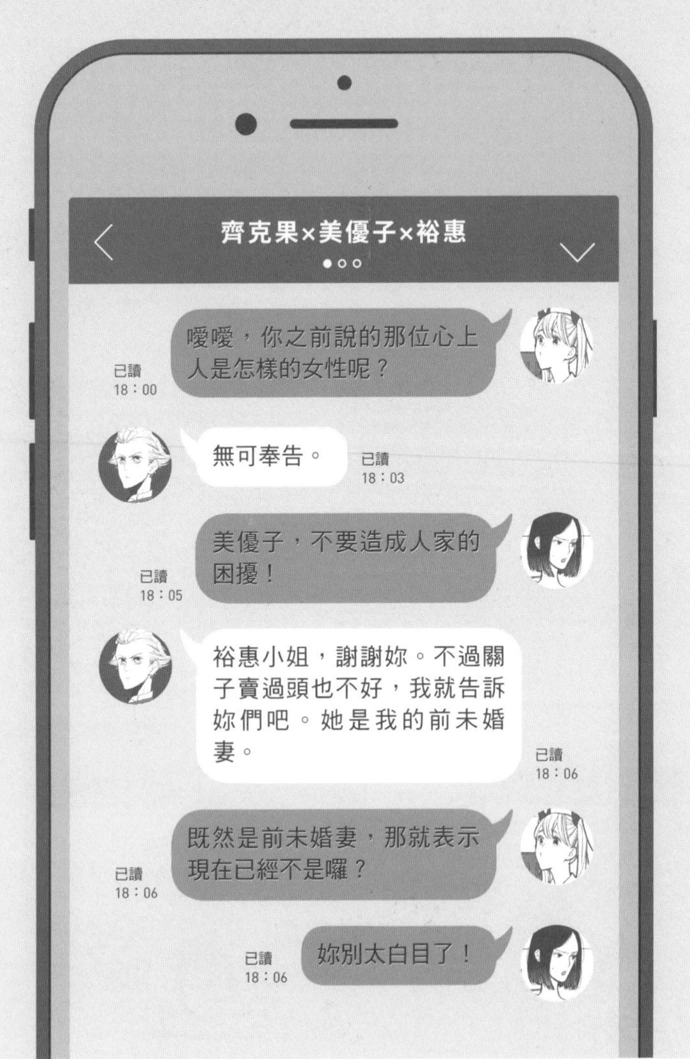

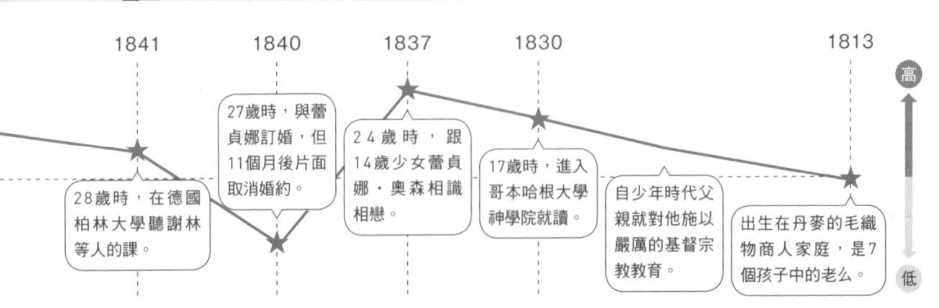

沒關係。是我主動解除婚約的。★1

已讀 18：08

咦——，但你還是喜歡她嗎？

已讀 18：08

由於父親偏執地教育我，自少年時代起，我就對活著這件事感到絕望。★2

已讀 18：10

我也許是不想害她擔憂……才會解除婚約。★3

已讀 18：10

解除婚約後，我發現真理其實在於自己這個主體之中，於是便形成了「存在」的思想。★4

已讀 18：11

總、總覺得好複雜……

已讀 18：13

對不起，我們不該問的……

已讀 18：14

★1
齊克果在27歲時，與17歲少女蕾貞娜（Regine Olsen）訂婚。但是，11個月後就把訂婚戒指送回去，片面解除婚約。

★2
齊克果的父親，對於自己強暴女傭（後來的齊克果之母）害她懷孕一事存有罪惡感，並預言「因為自己犯下罪過，孩子將活不過34歲」。齊克果從小就被養育成一個絕望又憂鬱的孩子。

★3
目前並不清楚齊克果為何取消婚約。有人說是起因於內心的罪惡感與糾葛，總之原因眾說紛紜。齊克果本身也在日記中寫道：「知道這個祕密的人事物，掌握了我所有思想的關鍵。」

★4
黑格爾哲學等哲學，是在集體邏輯的正確性中尋求真理，反觀齊克果開創的「存在哲學」，則認為真理就在個人的主體性當中。

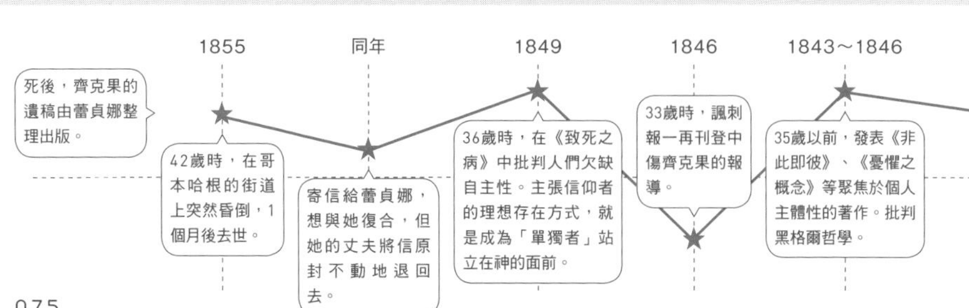

為什麼能幹的同事會令自己火大!?

※匆匆忙忙

我覺得部門經理也特別偏愛他！
嗯——我倒是沒這種感覺耶。
不好意思，我明天很早就要出門，
先走一步了！
咦！喂!?
搞什麼啊，真不上道耶～
可惡～！
啊，小姐，再來一杯啤酒！
!?
呵呵！

喂！
你剛才是不是在笑我？

噢，抱歉。
弗里德里希·尼采
1844–1900
德國哲學家

不過，就算你很羨慕對方，貶低能幹的人充其量是「奴隸」的思維吧？
奴、奴隸!?
我哪裡像奴隸了!?

我將這種心情稱為「憤懣」……
竟然只有那個人過得幸福，他一定做了壞事。
工作能力竟然那麼強，他鐵定是個討人厭的傢伙。
認定能力強的人為「惡」，認定弱者為「善」，
只以既定概念作為評價的標準，而不使用自己的標準，
這正是「奴隸」的思維。

憤懣……？
我、我並不是只憑既定概念來評價他……

可是從你剛才說的內容聽來，你只提到「舌粲蓮花」、「懂得拍馬屁」，並沒有講到決定性的缺點。

為現狀所苦的你，只是想把對方當成壞人吧？

我、我哪有……
……

……我知道那小子確實很努力。
他每天都很勤懇地打電話給客戶，就算對方是小公司一樣親切以待。
我只會對大客戶擺出好臉色……

讓您久等了，生啤酒來囉～
バン
※碰
但是……
我才不是奴隸！
驚嚇

怎麼能夠繼續輸給他！只要我努力，一定可以追過他！
我要完成之前因為中途領先而鬆懈，結果偷懶沒做的資料和提案書，
明天一大早就去跟各個客戶預約拜訪時間……
啊！小姐，我要結帳！
謝、謝謝惠顧。
請問這杯啤酒……

燦笑
謝啦，這位大哥！那杯啤酒我請你，就當作謝禮！
我走啦！

其實我平常不喝酒的，
好的
今晚就破例喝一杯吧。
這杯其實是水

▸▸▸ 詳細介紹請看P.208

創造自己的價值觀！

煩惱的業務員田口為什麼被尼采稱為「奴隸」呢？

生活在社會上，每個人或多或少都會拿自己跟別人比較。比自己優秀的同事、環境比自己好的朋友、富有的熟人……你是否曾忍不住嫉妒這些人呢？這種令你想在心中輕嘖一聲的心情，就是尼采提出的「憤懣」概念。

生於19世紀的哲學家尼采，從根本重新探究過去基督宗教提出的善惡標準。他認為，以「窮人是幸福的」這句話為代表的基督宗教思想，其根本為「對現實的怨恨」。因為現實生活不順遂，才會萌生出「強者是錯的，弱者才是正確的」這種顛倒的想法。但是，強烈肯定自己的正面能量，才適合人類原本的樣子。尼采認為，若要避免被負面能量「憤懣」束縛，重點就是要確立，即便與他人比較也不會動搖、自己特有的價值觀。

解讀尼采

KEYWORD

憤懣

貶低能幹者的是奴隸？

指嫉妒、怨恨這類，對勝過自己的人所抱持的負面情緒。最終會形成奴隸價值觀或奴隸道德，認為弱小的自己為「善」來自我肯定，扭曲原本的善惡標準。

超人

肯定命運吧！

尼采提倡的、取代基督宗教指引人類的新方針。擺脫既定概念，不管面臨多痛苦的現實都會肯定自己的存在，為人類的理想典範。

《權力意志》、《道德的譜系》、《查拉圖斯特拉如是說》

以終極的樂觀人「超人」為目標！

那個人
工作能力很強，
不過……

工作能力
居然那麼強，
真是討人厭的傢伙

有些事
只有我
才辦得到！

輸給
討厭鬼的我
是個廢物

超人
＝
創造自己的價值觀

奴隸道德
＝
被單一價值觀支配
（憤懣）

如果抱持「弱者為善」的奴隸思維，就很難肯定自己的人生。
重要的是應摸索出，以「善」為「善」、以自我肯定為基礎的價值觀。

哲學思維的淵源是？

探究追求「強大」的尼采人物形象！

貫徹連逆境都能成為自身哲學思維起源的生活方式。

★1
尼采的父親是一名勤勞的牧師，在尼采5歲時意外去世。

★2
尼采曾著迷歌劇作曲家華格納（Wilhelm Richard Wagner）的音樂，他跟華格納本人也很要好。尼采也曾在自己的論文中大力讚揚華格納，但兩人後來卻絕交了。據說是因為，他對華格納歌劇的譁眾取寵風格感到失望。

★3
尼采認識一位名叫露・莎樂美（Lou Andreas-Salomé）的女性，曾向她求婚但遭到拒絕。莎樂美跟詩人里爾克（Rainer Maria Rilke）、哲學家佛洛伊德（P.212）也有深交，是一位充滿知性的女性。

尼采的人生起伏走勢圖

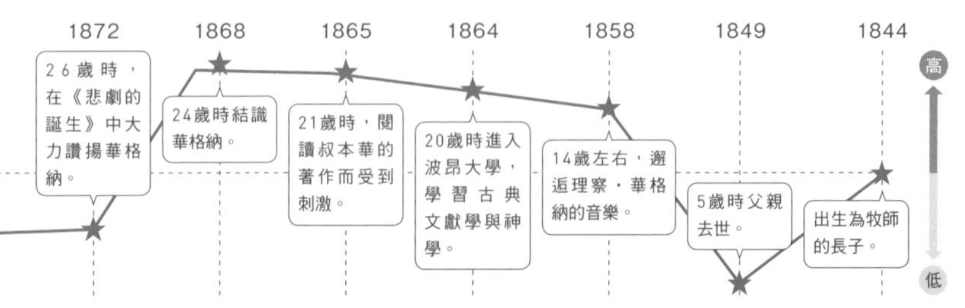

主角查拉圖斯特拉在書中講述的是，人類的理想典範「超人」！★5這正是身處逆境才會閃現的靈感!! 我將這本書稱為「未來的聖經」。

已讀
23：06

儘管我自認是嘔心瀝血的傑作，但這本書在我生前並未獲得多少肯定。★6

已讀
23：07

畢竟是「未來的聖經」嘛。也許是出現得太早吧……

已讀
23：08

不過，我一直試著享受現實以獲得活下去的力量。因此，即便在他人眼中是逆境，我也從不對自己的人生感到後悔。

已讀
23：09

★4
查拉圖斯特拉可說是尼采的分身，他在故事中向世界宣揚尼采的思想。該書共分為4部，第4部因為沒有出版社願意發行，最後只好自費出版，僅印了40本。查拉圖斯特拉是瑣羅亞斯德教開山祖師的名字，不過該書內容跟瑣羅亞斯德教沒什麼關係。

★5
不抱怨現實的痛苦，肯定自己的人生，朝著理想邁進的存在。

★6
1889年，停留於義大利的尼采突然昏倒在路上。醒來後精神狀況就不正常了，之後被接回老家度過餘生。晚年尼采的著作才開始受到矚目，可惜他未能理解自己的成功便結束了一生。

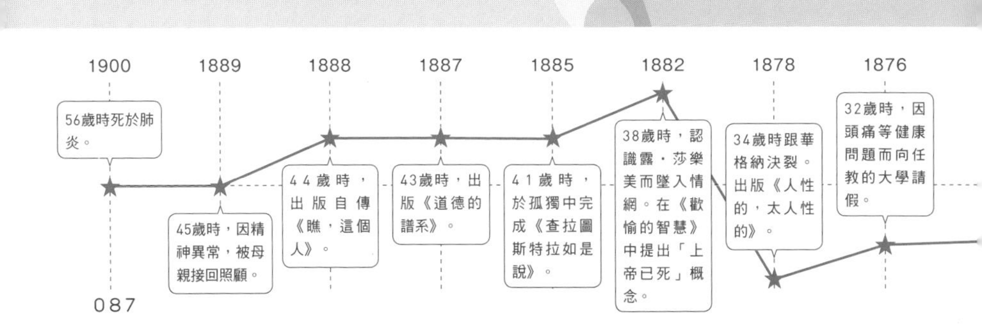

為什麼在心儀對象面前沒辦法好好說話!?

※尼采人生中的最大考驗,就是喜歡上露・莎樂美這名女性最後卻失戀(P.86)。

最裡面。
就是這裡……
ドッ
※咚
哇！
哎呀，抱歉。
啊！我才是，走路沒看前面，對不……
哇～好美的人。
身材也很好，是模特兒嗎……？
匆匆忙忙……
啊！
那個人是女星麗丘景子!?
※驚

前陣子週刊雜誌獨家報導她的不倫戀情，她現在壓力應該很大吧。

※冒出

哎呀，被你發現了嗎？
她來過這裡的事請你一定要保密喔。

你是……!?
我叫做巴代伊。尼采已經跟我提過你的事了。
喬治・巴代伊
1897–1962
法國哲學家

其實她是因為不明白人為何會覺得不倫戀充滿吸引力，所以非常煩惱。
你、你是說，她克制不住想搞不倫的欲望嗎？
キャー!!
你想搞外遇或想搞不倫嗎？
咦!?不，我怎麼會想搞不倫……

※呀——!!

那麼，你不覺得奇怪嗎？
「不倫」明明是遭到禁止的行為才對，可是小說、電視劇、電影卻充斥著以不倫為題材的作品……

這、這個嘛……

這種情形正似我的研究主題「情色」中，「禁忌的踰越」給人的吸引力。
也就是「遭到禁止反而更想做！」這種心理。
男性之所以覺得女性特別性感，
根本原因也是在於女性是遭禁止或被隱藏的對象。

不過實際上，情色是人類才擁有的情感，
因此這其實是最符合人性的情感呢。
是喔～！

喀嚓
好啦，我們快來討論你的煩惱吧。

其實我最近有了喜歡的女孩子……

一面對她我就會臉紅，沒辦法正常說話。
所以我很煩惱，不知道有沒有辦法克服這個問題。

這樣啊。
順便請問對方是怎樣的女孩子呢？

嗯……是在同個地方打工的前輩，
雖然年紀比我大，但她就像是一位公主……
感覺柔柔軟軟的，該說她天真嗎？總之她非常單純，讓我好想保護她～！

那麼，你聽過這句話嗎？
「人是為了玷汙美才渴望美的！」

沒有……
這、這句話是誰說的？

就是我！
噔
噔！
……

簡單來說，
我認為人類有著「越是美麗的事物就越想玷汙它」這種欲望。
你是不是下意識地對這樣的自己懷有罪惡感，才會每次一面對那個女生就臉紅呢？
是、是這樣嗎……？
的確，經你這麼一說……？
不過，你放心吧！
沒必要抱持罪惡感。

的確。

只要頭腦明白
這不是羞恥的事，
或許就能逐漸改善……

※哈啾！

↑美優子（參考Chapter 4）

▸▸▸ 詳細介紹請看P.224

情色正是人性的表現

煩惱的青年浩二
跟心儀的女性說話時為什麼會臉紅？

面對喜歡的人就會緊張、突然說不出話來……請問你有過這樣的經驗嗎？活躍於20世紀的法國哲學家巴代伊，在著作《情色論》中，根據佛洛伊德與尼采的思想，以及宗教學角度與人類學角度的見解，探討人類天生具備的欲望。他所研究的「情色」，意同「禁忌的踰越」給人的吸引力。這是一種暫時打破某個規則後能獲得的快樂，亦是人類特有的欲望。

為了獲得弄髒美麗的臉孔或衣服時能夠得到的情色歡愉，人類才會追求「美」。另外，戀愛方面的踰越，其實就等於玷汙「美」。或許就是這個緣故，人在面對心儀的對象時，才會下意識地對自己的這種情感抱持罪惡感，繼而緊張或臉紅。不過，情色可說是與人類的本質息息相關的概念。所以，我們不必對自己的情感抱持罪惡感。

解讀巴代伊

KEYWORD

情色

動物缺乏的、人類特有的欲望

人類生活在集體勞動的社會中。想維持社會運作就需要一定的規則，但暫時違反這個規則卻能得到某種愉悅。這種愉悅即是情色，也可以說是「人性」。

禁忌的踰越

禁忌是為了踰越而存在

想侵犯異性等「遭到禁止的存在」之欲望；想揭露美的背後所隱藏的東西之心情。只有在人類身上才看得到這種現象，與動物性的、本能性的生殖活動有根本上的差異。

《情色論》

「遭到禁止反而更想做」乃是人性

不可以按！

不可以吃！

不可以打開！

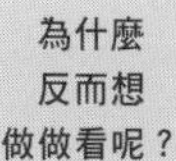

不可以喜歡！

不可以弄髒！

或許是因為，在「觸犯禁忌」這股不安下暫時打破規則所帶來的興奮感，近似玩遊戲時的高昂感，才會促使人做出這項行為。

哲學思維的淵源是？

探究追尋研究「至高性」的巴代伊人物形象！

持續透過情色，考察人類的生命。

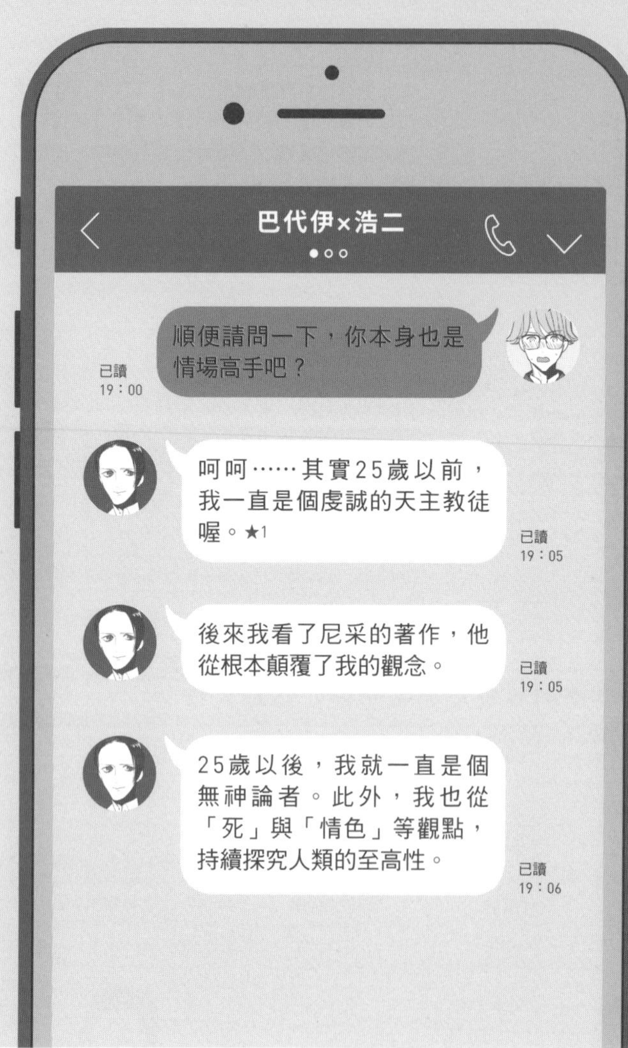

★1
巴代伊的父親感染梅毒，因而半身不遂，母親則犧牲自己，全心全意照顧丈夫。不知是否因為這個緣故，儘管雙親都沒有信仰，巴代伊卻在10幾歲時加入天主教，25歲以前一直是個虔誠的信徒。不過，之後他就完全捨棄信仰了。

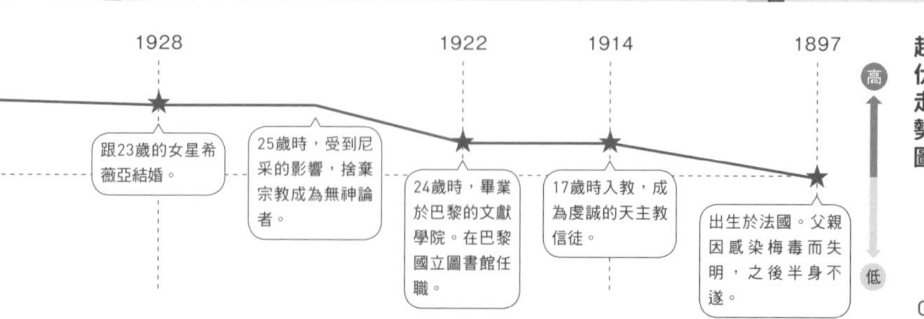

★2
巴代伊曾匿名出版《眼睛的故事》、《愛德華妲夫人》等小說。《眼睛的故事》描寫淒絕的死與情色。

後來我看了《眼睛的故事》★2，這部小說令我大為震撼。你在小說中，從各種角度探討情色呢……

已讀
19：07

不過，我最近萌生出一個關於情色的疑問。

已讀
19：08

這個思想確實能引起男性的共鳴，但……女性是否也贊同我的看法呢？

已讀
19：08

這是今後值得討論的問題。

已讀
19：09

因此，請務必告訴我你那位心儀對象的意見。

已讀
19：09

這、這種事我絕對辦不到啦……

已讀
19：10

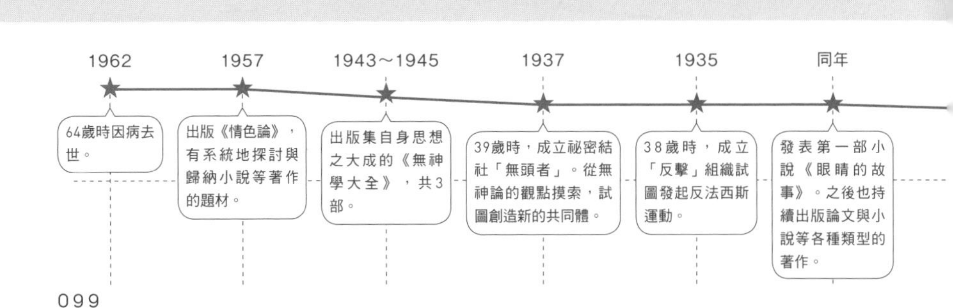

Chapter 7 ▶ 鄂蘭

不參加社團就沒有容身之處!?

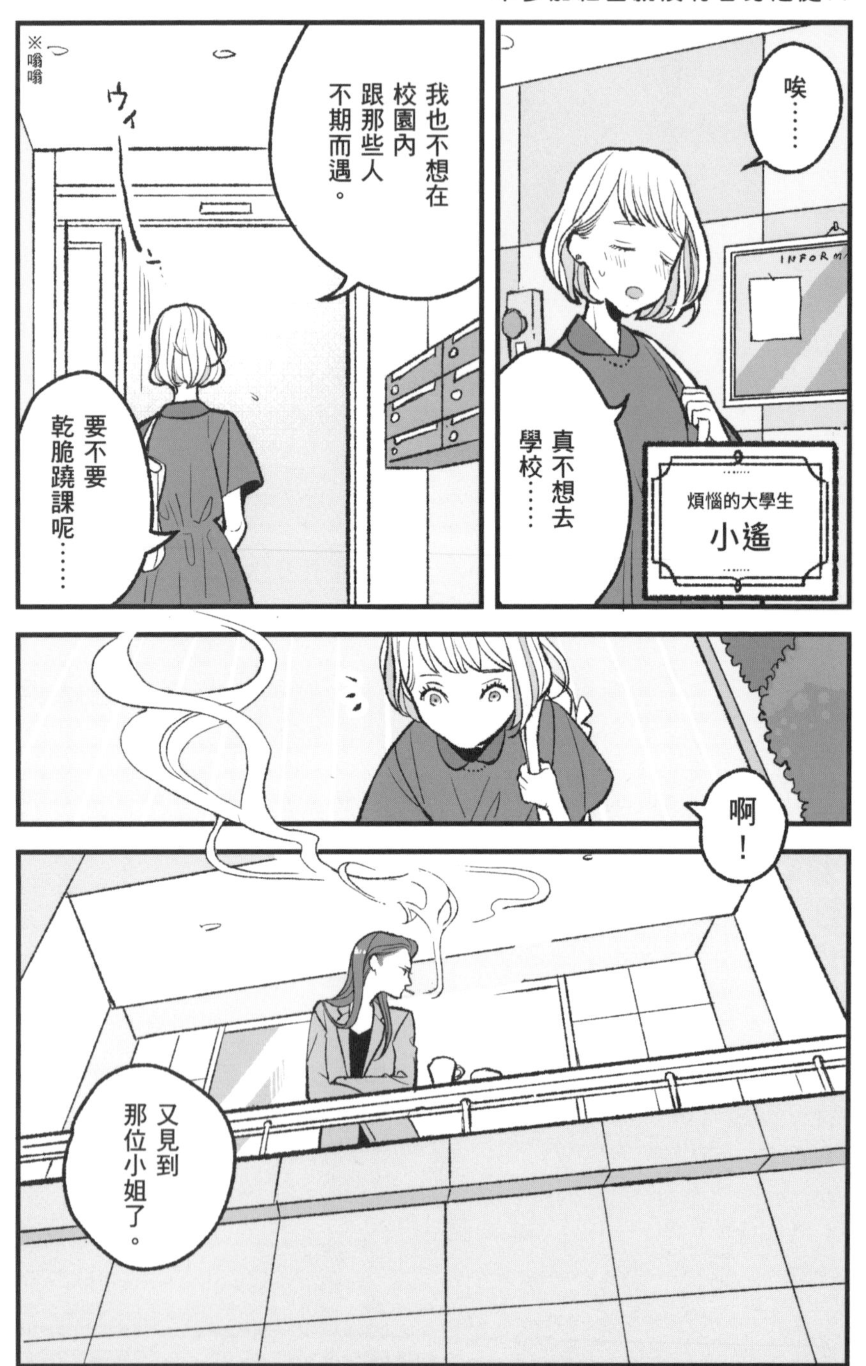

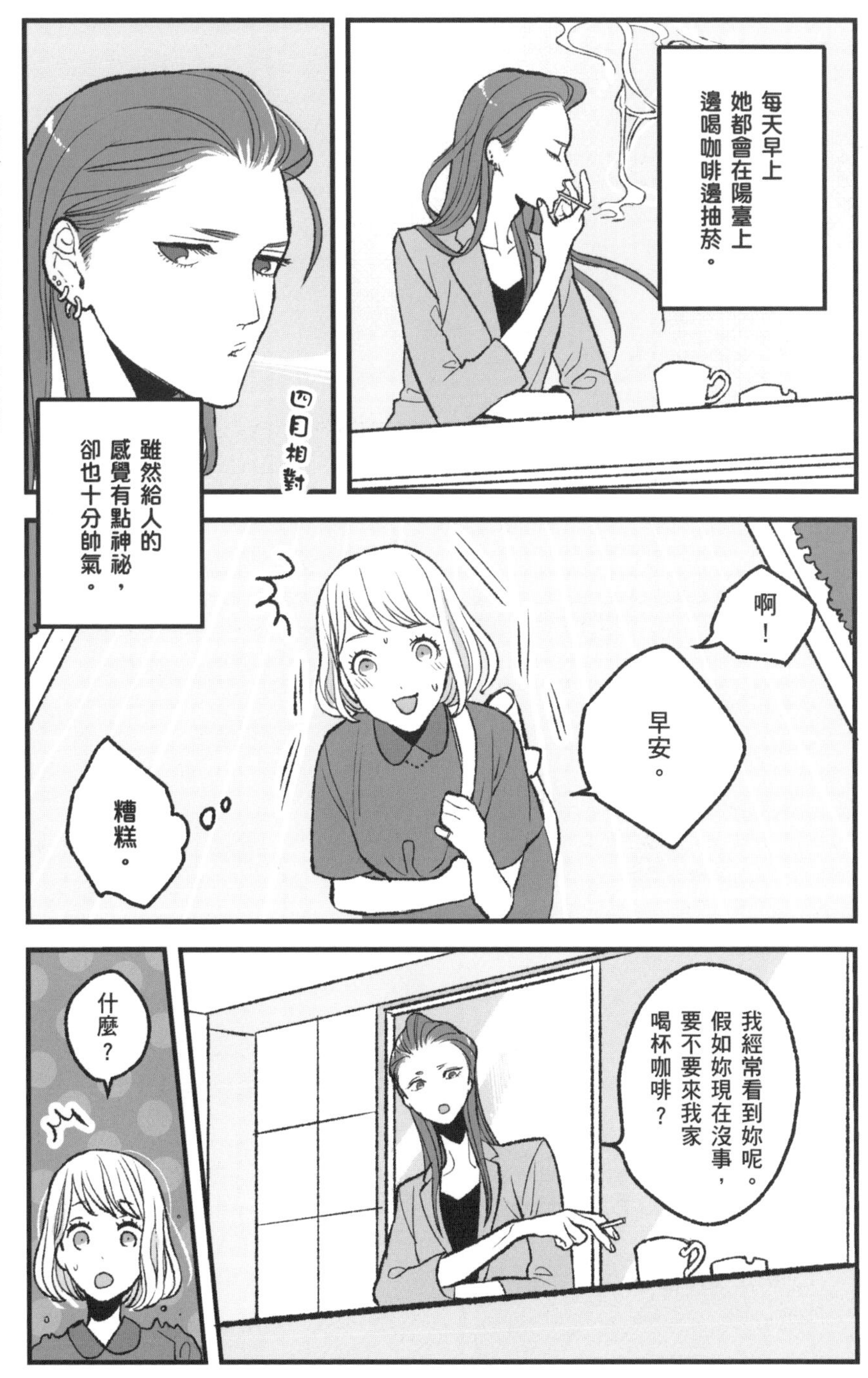
每天早上
她都會在陽臺上
邊喝咖啡邊抽菸。
四目相對
雖然給人的
感覺有點神祕，
卻也十分帥氣。
啊！
早安。
糟糕。
我經常看到妳呢。
假如妳現在沒事，
要不要來我家
喝杯咖啡？
什麼？

謝謝。
咯咯
妳是學生吧？……是不是不想去呢？
什麼……？

學校。
看妳的表情就知道了。

……其實，我沒辦法融入原先加入的社團，所以退出了。
那是個活動類社團。

幹部都是些
受歡迎的女生，
如果得不到她們的肯定，
就會被視為
沒有存在價值的人，
所以大家都戰戰兢兢的。

那就是學校裡
常有的
校園階級吧？
非常受歡迎
還算受歡迎
普通
不受歡迎
群組也三不五時
就發訊息過來，
可是又不能已讀不回，
我覺得好麻煩……
不過坦白說，
退出社團後，
我連可以一起
消磨時間的朋友
都沒有，所以
現在閒得發慌……

所謂的邪惡，
……
並不是惡人造成的，而是停止思考的凡人造就出來的。
什麼？
人會出於孤獨的不安或空虛而尋求一體感。
無論過去還是現在都是如此。

……？

妳、妳是說，我也是停止思考的凡人嗎？

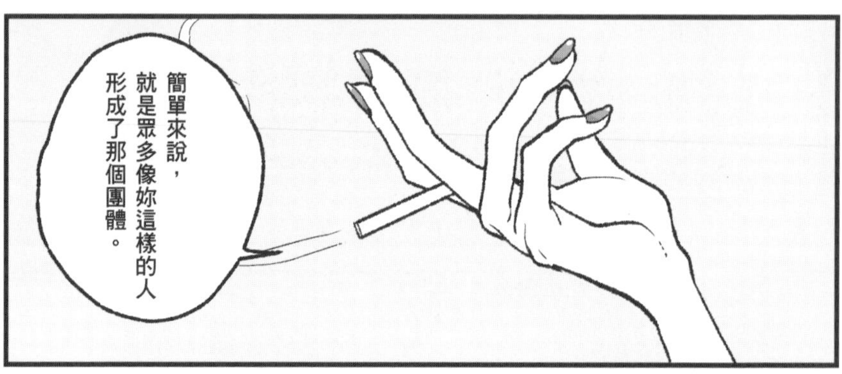
簡單來說，就是眾多像妳這樣的人形成了那個團體。

怎、怎麼會……

不過，現在妳知道這點了。
妳該思考的問題是，接下來要怎麼做吧？

……!
不能繼續這樣下去……

……妳要再來一杯咖啡嗎？
……不用了。
我要去學校了。
謝謝妳的咖啡！
Hannah Arendt
漢娜．鄂蘭

▸▸▸ 詳細介紹請看P.226

不隸屬於團體，以個人之姿立身處世！

煩惱的大學生小遙在社團活動中感受到的落差是什麼？

出生於德國的哲學家鄂蘭是一名猶太人，她曾遭受納粹的迫害，逃亡至美國後取得美國國籍。她在著作《極權主義的起源》中，分析納粹主義等思想的心理基礎。而她旁聽納粹幹部艾希曼的審判，根據現場觀察所寫的《平凡的邪惡：艾希曼耶路撒冷大審紀實》，更是在全球引發論戰。

鄂蘭在書中表示：「完全不思考，是使他成為最大犯罪者之一的因素。」一個極為平凡的人，因為停止思考而被周遭感染，最後造就出邪惡——其實，即便不是作「惡」，只要生活在團體當中，類似的情況可說是屢見不鮮。例如抱著「既然大家都贊成」這種輕鬆的心情，相信同樣的價值觀而感到安心。或者是階級制度在學校或職場的人際關係中形成，大家逐漸共有「正確的」價值觀……對於這種隨處可見的情形，鄂蘭提出「人不可以停止思考」這項犀利的見解。

解讀鄂蘭 KEYWORD

極權主義

全體的意識變成自己的意識

全體的利益優先於個人的權利與利益。其背後存在著「在社會上失去容身之處的大眾，想尋求精神支柱，贊同能令自己滿足的世界觀」這樣的心理。

邪惡的平庸性

凡人未必就是好人

邪惡未必是惡魔一般的人物所造就的。有時也會因為極為普通的人不去正視現實、放棄思考、盲從政治權力而產生。

《極權主義的起源》、《平凡的邪惡：艾希曼耶路撒冷大審紀實》

團體的意見不見得永遠都是正確的

個人

只要贊成
大家的意見
就可以放心

我的意見
怎麼辦？

團體

有領袖魅力的人物

既然是大家
的意見
就沒辦法了

只要跟大家
一樣
就可以放心

組成團體從事活動，能夠帶來安心感。另外，個人團結起來的話，也可期待整個團體的發展。但是，如果個人的意志不受到尊重，結果會怎麼樣呢？

個人是構成團體（全體）的一部分。團體的成員贊同高層人物的價值觀，或者個人贊同團體的意見。

探究「冷靜的觀察家」鄂蘭的人物形象！

因遇見哲學，以及恩師海德格，而確立自身的哲學。

★1
據說認識鄂蘭一事，也影響了海德格（P.218）撰寫主要著作《存有與時間》。

★2
戰後，海德格因擁護納粹而被趕出大學，要恢復原本的權勢威望也得花時間。當時率先維護海德格地位的人就是鄂蘭。

鄂蘭的人生起伏走勢圖

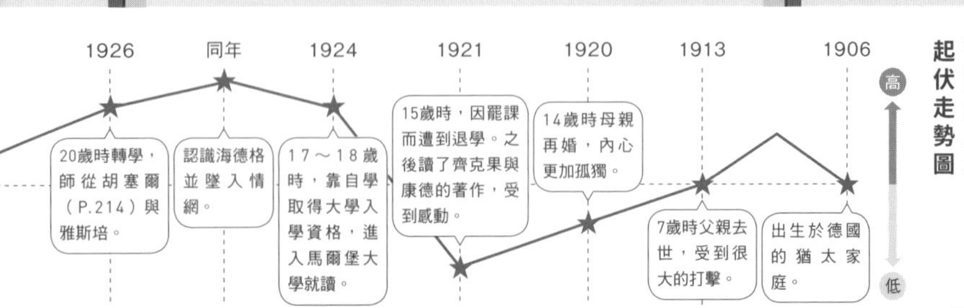

★3
鄂蘭在著作《極權主義的起源》中，考察奉行納粹主義或史達林主義等極權主義之國家的歷史意義。

★4
鄂蘭與海德格自相識到鄂蘭去世為止，一直斷斷續續地維持著複雜的關係。因揭露反猶太主義而聞名的鄂蘭，奉獻自己支持海德格，這項事實亦展現了鄂蘭的人性面。

是呀，他說「這是為了保護德國免於共產主義侵害」，但我認為，就建立完全無視個人特性的系統這點來說，共產主義與納粹並無不同★3。

已讀
22：07

順便請問一下……

已讀
22：07

聽說你們是情侶★4，這是真的嗎!? 😆

已讀
22：07

妳說呢？不過……

已讀
22：08

唯一可以告訴妳的是，我是因為遇見了海德格，才會一頭栽進哲學領域。至於哲學家個人的私生活，會如何影響其思想的評價，就有待今後的討論囉。

已讀
22：09

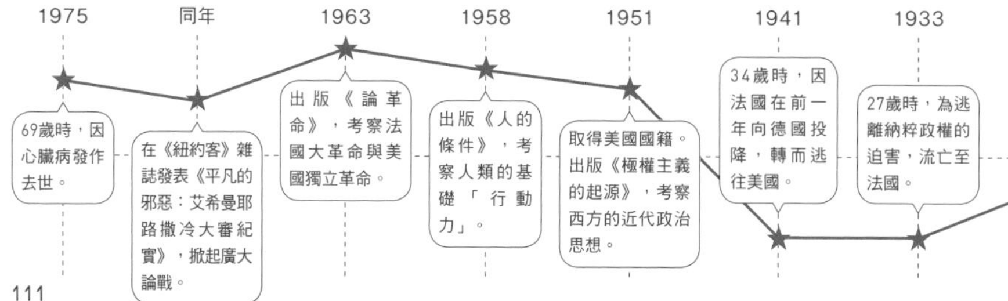

一定要認識的
中國哲學家

生於西元前4世紀的孔子所開創的儒家，
以及起源於老子的道家，對後世也有深遠的影響。

道家

老子 BC?-BC?

順應自然而活

春秋戰國時代的思想家。根據《史記》記載，他曾是侍奉周朝的官吏。提倡回歸自然無為，被視為道家的始祖，但目前仍不確定此人是否真的存在。

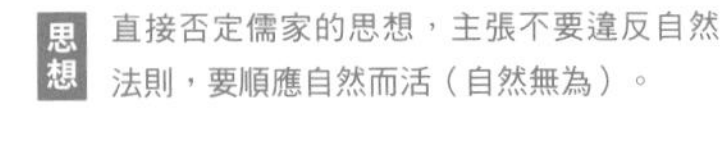

思想 直接否定儒家的思想，主張不要違反自然法則，要順應自然而活（自然無為）。

莊子 BC4世紀左右

接受人生的一切

戰國時代宋國的思想家。其思想與老子合稱為老莊思想。主要著作《莊子》，是以寓言的形式來講述道家的根本思想。

思想 主張捨棄人類創造出來的是非、善惡、美醜、貴賤等價值觀，接受一切事物的原樣，便能得到真正的自由。

所謂的中國哲學

**與生活或自然等
現實息息相關的思想**

古代的中國分成數個大大小小的國家，面臨群雄割據的局面，為了維持國家的形式，於是誕生出許多思想家與學派（諸子百家）。不過，有別於西方哲學，中國哲學偏重於遵守「教訓」，缺乏明確區分哲學與宗教的架構。因此，中國哲學未能形成「各個哲學家從根基發展命題」，這種西方哲學的基本態度。

儒家

孔子 BC552-BC479

提倡「仁」與「禮」的重要性

春秋時代的思想家，儒家的始祖。自55歲起花了10幾年的時間，與弟子一起周遊列國，向諸侯提倡符合道德的理想政治。主要著作《論語》，為弟子們記錄孔子的言行彙整而成的書籍。

思想 重視「仁」與「禮」，即愛人之心與社會規範。認為仁禮本為一體，唯有行禮，仁才能守護人心。

孟子 BC372？-BC289？

提倡「性善說」

戰國時代的儒者。自詡為孔子的後繼者，帶領弟子遊說諸國。記錄其言行的《孟子》，與《論語》同為儒家的經典。

思想 提倡「性善說」，認為人的本性為善，只要持續發展就能擁有德性。

荀子 BC298？-BC238？

提倡「性惡說」

戰國時代末期的思想家，曾任楚國官吏。相當於孔子與孟子的後輩，否定孟子的「性善說」，提倡「性惡說」。

思想 提倡「性惡說」，認為人的本性為惡，不過只要習「禮」並身體力行便可擁有德性。

柏拉圖與恩師蘇格拉底的相遇

不過這樣就好。
老師只管去追求自身的哲學理想就行了……因為盡己所能發展老師的哲學是我的工作，我也以此自豪。

您真的很尊敬蘇格拉底老師呢。
沒錯！
因為遇見老師之後，我的世界就改變了！

不過嚴格來說，因為老師不收學生，我算是實質上的學生吧。

……我聽說柏拉圖老師您原本是非常了不起的精英。

您是繼承王族血統的貴族之子，文學、戲劇與詩歌方面造詣高深，原本打算成為政治家。

呵呵，沒錯。
不過後來，我偶然在街上遇見了老師，人生就此徹底改變！

老師是個很奇特的人。
當時的哲學家大多選擇在街頭發表演說。
小伙子，你願意教教無知的我嗎？
老師卻是攔住路上的行人，拋出問題與路人對話。

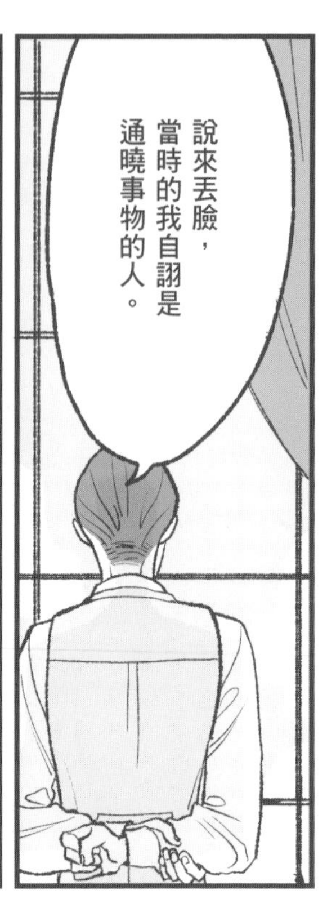
說來丟臉，當時的我自詡是通曉事物的人。

但是跟老師對話之後……
什麼是愛？
是想活得更良善就不可缺少的東西。
那麼，什麼是活得更良善？
就是遵循正義而活。
那麼，什麼是正義？
呃，正義就是……

最後我終於答不出老師的問題，這才發現自己什麼也不知道！
這是……值得開心的事嗎？

當然囉！因為若想知道某件事，第一步就是要知曉「自己不知道」。
這稱為「無知之知」。

※ 神的指示，透過女祭司傳達。

※ 政治家們認為，受到年輕人愛戴的蘇格拉底是危險人物。

等一下。
スッ
※伸！
我已經在法庭上充分表達自己的意見了。
如果我現在不遵從法律，選擇逃跑的話，就等於親自否定了之前的主張。
這是追求真善之人絕對不能做的事。

老師！那杯是毒酒……！

……咦？

老師留下「惡法亦是法」這句話後，便將毒酒一飲而盡。
請等一下，那麼蘇格拉底老師他……？
好啦，今天也要進行許多場哲學的論戰！
畢竟發展蘇格拉底老師的哲學可是我的使命。
日後，柏拉圖進一步發展蘇格拉底的思想，終於導出「理型論」這項自己的理論——

第2章

消悶解憂的良藥！

能讓你活得更輕鬆的哲學

只要換個想法，

人生就能過得比你所想的還要輕鬆！

本章要介紹的是，今天起就能使用的哲學思考法，

幫助你排解日常生活中的小煩悶。

自己明明是自由的，為什麼會覺得悶悶不樂呢？

現代社會理應保障了個人的自由，
然而自己卻沒有活得很自由的感覺……

正因為自由，生活方式也是五花八門，而且這些生活方式未必都是正確的

「該如何度過自己的人生才好呢？」關於這個問題，現代社會並無絕對的答案或價值觀。在「自由」之名下，各種生活方式紛紛被提了出來，可是沒有人能保證，這些生活方式是否正確。畢竟哪裡都沒寫，也沒人教我們「一定能幸福」的方法。

此外，就算自己是「自由」的，也不見得一定能過自己期望的生活。正因為每個人都是自由的，各自的才能與運氣都會影響人生，夢想或目標未必都能達成。自己明明是自由的，卻感到悶悶不樂……這多半是因為你無法接受，自己理應生活在「認同自由的生活方式的社會」，卻「只能採取有限的生活方式」這件事吧。不過，正因為自己的人生是由自己來負責的，我們只能盡最大努力去面對它了。不妨先抱持這樣的態度，試著尋找自己能夠接受的答案吧！

要完全活得「自由」並不容易

夢想是
成為音樂人

雖然
在超商打工，
但沒放棄夢想

受傷而
放棄當選手

擔任孩子們
的指導者，
過著充實的日子

如願在
一流企業任職

雖然工作不快樂，
為了賺錢只好遷就

自己接受這個生活方式嗎？

即使夢想無法實現，只要能夠認同與接受自己選擇的道路，
應該就能感受到「自由」。反之，即便過著自己期望的日子，
假如無法認同與接受每日的生活，或許就代表現在的生活
跟自己原本期望的不一樣。每個人心中的「答案」都不盡相同。

哲學家提供的思考提示

齊克果
絕望
P.73

如果對「現在的自己」感到不滿，幻想著「早知道就那樣了」，或是死心認為「只能聽天由命了」的話，人便會陷入「絕望」。

尼采
權力意志
P.209

雖然「生存」充滿了苦惱與矛盾，卻也存在著幸福，哪怕只是一瞬間的幸福。接受現在的生活，肯定自己獨有的人生是很重要的。

話說回來，現代人真的自由嗎？

即使活得自由，依然莫名覺得喘不過氣，
這是為什麼呢？

由於沒有絕對的支配者，乍看之下是自由的，然而名為「常識」的權力卻緊接著出現

法國哲學家傅柯，曾對潛藏在現代社會的「權力」提出犀利的看法。他表示，中世紀是國王的權力在支配人們，近代以後這個權力消失了，人們則被自己創造出來的、名為「常識」的權力所支配。

即便是感覺很「自由」的現代社會也一樣，有時在社群網站留下一句無心的話，就有可能被批評「沒常識」而遭到撻伐。由於現在是個被網路包圍的時代，多數派對少數派的干涉變得越來越頻繁。而且，那些譴責別人「沒常識」的人，應該不覺得自己在行使「權力」吧。這是因為，「常識」與「這個世界的真理」是劃上等號的。

不過，就像從前基督宗教對神的存在深信不疑，誰能保證現代的「常識」並非一時的呢？說不定哪天「常識」就會遭到推翻。

束縛現代人的隱形權力是什麼？

現代理應是自由的，人們卻不得不過被各種規則束縛的生活。傅柯將各個時代特有的「知識架構」稱為「知識型」，並且探討真正能實現個人幸福的社會是什麼樣子。

哲學家提供的思考提示

傅柯
知識型
P.230

傅柯指的是各個時代的「知識架構」。人們是依照這個架構來認識世界，普遍的認識是不成立的。

霍布斯
利維坦
P.188

社會的成員達成共識，將自己的權利委讓給絕對的權力，藉此維持社會的秩序。從前的君主專制就是其中一例。

既然人人平等，大家都能得到幸福嗎？

社會上的差距被視為一個大問題。
既然人人平等，整個社會都能變得幸福嗎？

想要實現真正的幸福社會，必須兼顧「自由」與「平等」

現代社會因貧富問題，而被稱為「M型社會（格差社會）」。那麼，只要消除所有差距，就能實現幸福的社會嗎？從歷史角度來看，在「人人平等」的理想下成立的社會主義國家，最後都走上獨裁政治這條路，無一例外。

近代哲學一直在思考這個問題，並認為關鍵在於讓「自由」與「平等」得以兩全的原理（方法）。首要大原則就是平等性，即不管出身或性別為何，承認每個人都是一個獨立的人格。具體而言，就是賦予所有人受教育的權利與選舉權等等。人與人之間當然也存在著貧富差距，不過我們可以透過稅金等各種制度重新分配財富，盡可能確保平等。另一個大原則，則是努力就有回報的「自由」。努力獲得財富也是人們的「自由」。不承認這個自由的社會，亦即強制平等的社會，一樣欠缺了幸福的重要條件。

「平等」與「自由」能夠兩全嗎？

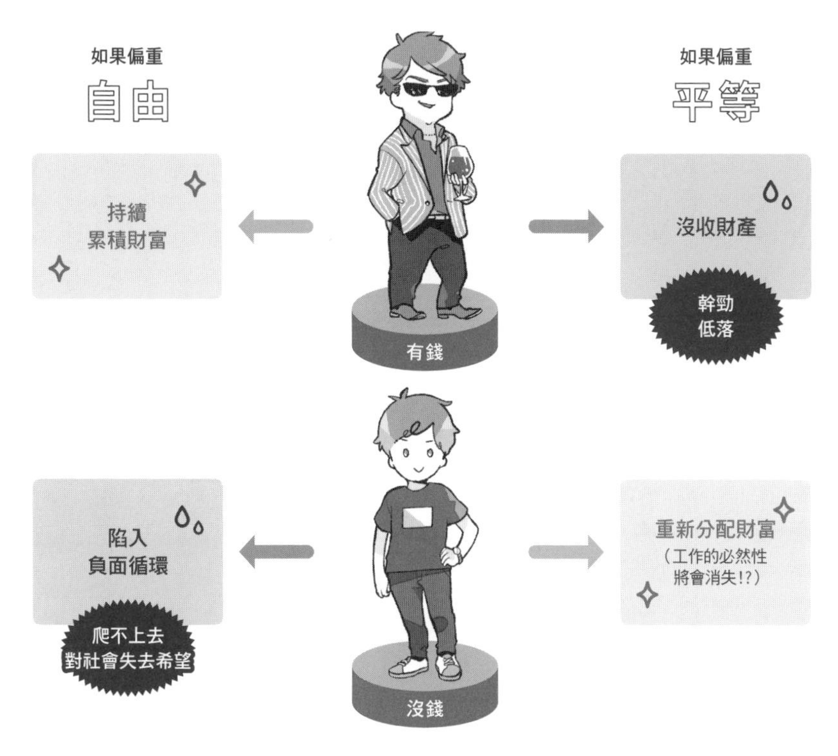

適度的社會救助措施是不可或缺的

如果人人平等，努力就沒有回報，最後陷入不幸。
不過，要是起點相差太多，導致努力也得不到回報的話，
社會一樣很不幸。要讓所有人都幸福，就得重視整個社會的平衡。

哲學家提供的思考提示

彌爾
重質的效益主義
P.202

彌爾進一步發展邊沁的思想，期望藉由培養知性與道德觀的教育，提高開心、快樂、喜悅等知性的滿足度（高品質的幸福）。

邊沁
最大多數人的最大幸福
P.201

正確且正當的統治，能使國內絕大多數的人都感到幸福。邊沁想出了依據獨特的標準計算快樂的方法。

有桃花運就一定會幸福嗎？

「桃花運」是不分性別與世代，多數人都很感興趣的領域。
桃花運真的那麼重要嗎？

或許能增加談戀愛的機會，但不確定是否一定會幸福

柏拉圖提出的「柏拉圖式愛情」，一般是指「不帶性慾、精神上的愛情」。但是，嚴格來說，這個解釋並不正確。因為柏拉圖說過，戀愛有階段之分，第一個階段看的就是「外貌」。接下來則是「行為之美」，例如優美的舉止，最後抵達「靈魂之美」。也就是說，如果欠缺外貌之美，根本就無法抵達靈魂之美。

在現代，美麗的外貌一樣是「有桃花運」的必要條件。不過，若問有桃花運的人是否深受他人喜愛，這就不一定了。換句話說，並不是有桃花運就一定會幸福。

但就算如此，否定「桃花運」，也只不過是扭曲這個價值觀罷了。人的魅力包含了各種要素，「桃花運」只是其中一種價值觀而已。只要明白這一點，你應該就能發現自己除了「桃花運」之外的新魅力吧。

為什麼有桃花運就會感到幸福？

自己的價值
得到數人的肯定
II
滿足自我價值肯定之欲望

「桃花運」是其中一種價值觀。有桃花運的話，就能滿足自我價值肯定之欲望。另外，談戀愛的機會也會增加。

與其只在乎桃花運，而逃避現實或感到絕望、嫉妒，不如換個觀點思考吧！

其實自己很有桃花運，是周遭沒眼光

逃避現實

沒有桃花運，活著就沒意義了

絕望

萬人迷都有人格方面的問題

憤懣（嫉妒）

除了桃花運外，還有什麼是自己的存在價值？

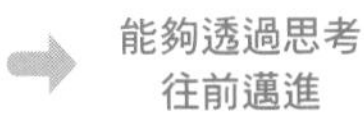

哲學家提供的思考提示

尼采
憤懣
P.85

指嫉妒或怨恨等對勝過自己的人所抱持的負面情緒。若認為弱小的自己是「良善」的，以這種方式自我肯定的話，不過是扭曲了自然的善惡價值標準。

柏拉圖
照顧靈魂
P.33

人類若想活得更良善，該怎麼做才好呢？不要只在乎社會評價等表面上的事物，重要的是要照顧好自己的內在（靈魂）。

成為有錢人就會幸福嗎？

「想要錢」的欲望是無窮無盡的。
那麼，擁有的錢越多，幸福度就越高嗎？

金錢固然重要，但若沒有生存目的就很難得到幸福

基督宗教肯定「清貧」，認為這是善良的表現，尼采則批評這種價值觀是「奴隸道德」。他認為視貧窮為「善」，視富裕為「惡」的想法，只不過是弱者的「憤懣」（怨恨）罷了。從歷史的角度來看，人類的文化與文明，確實不是在貧窮之中形成與發展的。當社會擁有多餘的財富後文明才會誕生。在這層意義上，金錢確實相當重要。

不過，即便社會已達到一定的成熟度，貧富差距依舊存在。在不愁溫飽的狀況下冒出「想成為有錢人」的念頭時，「成為有錢人」不會是生存目的的本身，這點很重要。活在經濟社會中，沒有錢確實讓人困擾，但這不代表擁有的錢越多，幸福度就越高。應該是先有「生存意義」，再為了實現這個「生存意義」而建立財富。如果搞錯了順序，縱使擁有財富，依然有可能迷失生存目的。

如果被單一價值觀束縛的話會怎麼樣？

擁有人生的目的或樂趣，獲得金錢這件事才有意義。
不過，沒錢的話，確實也有可能無法實現想做的事。
凡事都要注重平衡。

哲學家提供的思考提示

德勒茲
根莖
P.232

形上學是以單一價值觀，將數種事物體系化，德勒茲否定這種「樹狀」結構，並提出以各種價值觀並立的「根莖」結構為基礎的社會構想。

亞里斯多德
中庸
P.181

人類若想活得幸福就不能缺少「德性」，亦即傑出的人品。想要擁有德性，關鍵就是保持適度的均衡感，以「適中」為目標。

不擅長跟職場或學校的熟人打交道……

對於不太合得來，但經常碰面的對象，
該怎麼做才能相處融洽呢？

想一想該採取什麼樣的行動，才能讓自己積極向前

在每日的人際關係當中，總是會有意見跟自己相左、令自己莫名煩悶……等等，這種「無法相處融洽的人」。不過，你是不是覺得自己有義務打好人際關係，因而下意識地採取迎合對方的言行舉止呢？尼采在著作《查拉圖斯特拉如是說》中提到，「自己無法再愛的地方，自己應當離開」。**基於義務感而持續接觸無法喜愛的事物，只不過是「內疚的良心」的表現**，反而會讓自己累積不滿。**把行動的焦點，放在「該採取什麼樣的舉動，才能使自己時時感到快活」上也是很重要的**。

不過，有時我們也會遇到無論如何都得一直往來的情況吧，例如同事或家人等等。這種時候，努力貼近、理解對方的價值觀，讓自己能夠對他產生感情，也是一種可行的方法。假如還是很困難，你也可以選擇跟對方保持心理上的距離。

何謂基於「內疚的良心」的行動？

尼采將不是忠於自己的心，而是由被灌輸的罪惡感，或者扭曲的義務感所支撐的良心，稱為「內疚的良心」。

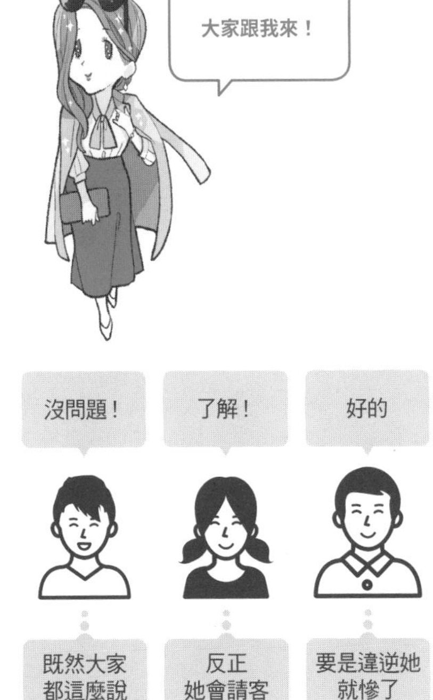

哲學家提供的思考提示

尼采
超人
P.85

接受自己現在的生活，並朝著理想前進的人類典範。即使現實很痛苦，也不會困在對周遭的嫉妒，或是毫無理由的罪惡感中。

康德
道德法則
P.57

任何年齡或性別的人都適用的、普遍且客觀的道德規範。其根據不在於宗教或文化，而是以自己的理性去斟酌、判斷。

對互講壞話的人際關係感到疲憊……

講壞話雖能得到一時的痛快，卻也會使自己感到鬱悶，
最後令心靈疲憊不堪，這是為什麼呢？

講壞話有可能是自卑感的表現

有個人總是讓你「看不順眼」。由於大家都這麼覺得，當事人不在時就會忍不住講起對方的壞話。講壞話的時候感覺很爽快，但事後心情反而變得更差……這種時候，不妨仔細回想一下，自己為什麼要講對方的壞話。對那個人進行的表面攻擊背後，是不是潛藏著自己的某種自卑感呢？

尼采將這種心理稱為「憤懣」。這是一種見不得別人好的心情，好比說「憑什麼只有那個傢伙能〇〇……」。麻煩的是，對於生活在社會這個牢籠內的人們而言，即便只是「活得自由自在」、「有點吃香」，這個人也有可能變成羨慕的對象。或者認為，正義是站在順應社會而活的自己這一邊，錯誤的是對方。建議你在講壞話之前，先再一次詢問自己：「這個『正義』，是不是源自於憤懣呢？」

看他人「不順眼」的原因是什麼？

你是否對人生過得充實的人，抱持著近似嫉妒的「憤懣」呢？尤其當自己的人生不如意時，這種傾向應該會更加顯著。

為什麼看他不順眼呢？

試著重新檢視自己的價值觀

哲學家提供的思考提示

尼采
憤懣
P.85

指嫉妒或怨恨等對勝過自己的人所抱持的負面情緒。若認為弱小的自己是「良善」的，以這種方式自我肯定的話，不過是扭曲了自然的善惡價值標準。

齊克果
絕望
P.73

如果對「現在的自己」感到不滿，幻想著「早知道就那樣了」，或是死心認為「只能聽天由命了」的話，人便會陷入「絕望」。

明明是一家人，為什麼無法互相理解呢？

家人本該是最親近的存在，
為什麼意見會跟自己相左呢？

重要的是，要互相認同彼此是一個個人

黑格爾認為「家庭是以感情結合的共同體」。以愛情締結的家庭關係，在本質上有些不同於以利害締結的社會關係，或是以快樂締結的朋友關係。

當孩子還小時，是親情將父母與孩子連結在一起。不過，隨著孩子的成長，孩子必須慢慢學著離開父母，父母也該懂得離開孩子。然而最近，父母與長大成人的孩子卻很難保持適當的距離感。其中一個原因是，兩個世代的價值觀有所差異。父母那一代所具備的「家庭道德」這項價值觀，在孩子這一代幾乎已經消失不見了。「應該孝順父母」、「應該聽父母的話」等等，這種「應該～」的價值觀蕩然無存，過去遭到掩蓋的親子對立因而浮上檯面，再也抑制不住。

如今要孩子這一代認同與接受傳統的道德觀，並不是件簡單的事。想要解決對立，或許只能從親子互相認同彼此是一個個人，重新肯定彼此的生活方式這點下手了。

家人之間的對立問題能夠解決嗎？

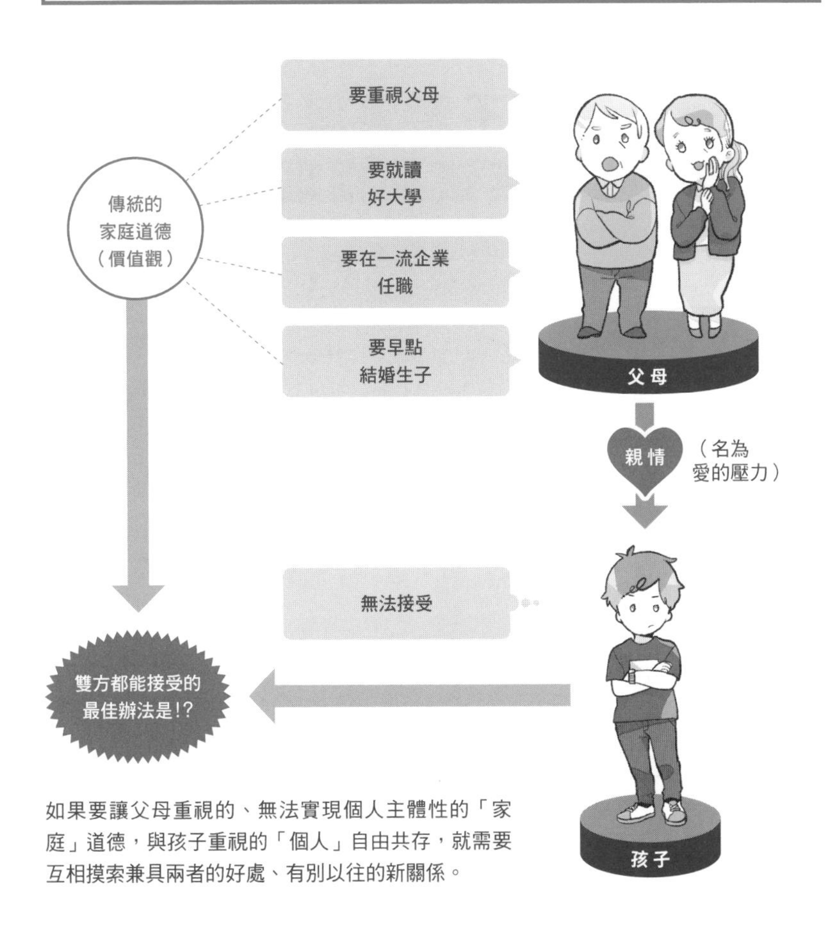

如果要讓父母重視的、無法實現個人主體性的「家庭」道德，與孩子重視的「個人」自由共存，就需要互相摸索兼具兩者的好處、有別以往的新關係。

哲學家提供的思考提示

佛洛伊德
超我
P.213

潛意識掌控了人類大部分的行動。其中的「超我」是後天灌輸的道德觀念，例如小時候接收到的、父母的價值觀。

黑格爾
辯證法
P.61

發掘片面意見的矛盾之處，與他人的意見切磋琢磨，藉此獲得更好的意見。黑格爾認為，整個共同體的自由，也是經由這段過程逐漸實現。

總是有人不管怎麼溝通，就是無法互相理解

明明講的是相同的語言，
卻還是會遇到「無法溝通的人」，這是為什麼呢？

也許是因為，自己的意圖與對方的解讀有所出入

有些時候，我們會遇到不管怎麼討論就是毫無進展的人。這種情況，或許是因為對方聽不懂你說的話。這不是語言的問題，而是雙方的「解讀」本身可能有所出入。

維根斯坦認為，人們平時都在進行「語言遊戲」，根據每個場合的語言用法（規則）來進行對話。另外，德希達提出「作者之死」這個概念，認為說話者的意圖與聆聽者的解讀未必一致。舉例來說，講出「現在」的那一刻，「現在」早已過去了。自己與對方所認為的「現在」通常是不一樣的。

我們總是一邊參加對話的遊戲，一邊互相摸索語言的共同規則。如果討論沒有交集，極有可能是彼此的規則不一致。若是希望討論能有所進展，彼此就只能耐心摸索共同規則了吧。

語言不過是一種「符號」

語言的意思因每個人的解讀而異

即便是同一句話，意思也會因雙方的關係
或當時的情境（狀況）而有所不同。
「默契」在溝通當中占了很大的比例。
自己的意圖未能傳達給對方的原因就出在這裡。

哲學家提供的思考提示

德希達
作者之死
P.235

語言的意義，會隨著當時的狀況而變化。說話者的意圖很難完全傳達給聆聽者。因此，語言不存在無可動搖的根據。

維根斯坦
語言遊戲
P.217

所有的語言都是生活型態的一部分。人們每天都在進行「遊戲」，依據用法來決定語言的意義。因此，語言無法固定於單一意思。

為什麼想成為「好人」？

想盡量讓許多人視自己為「好人」。
這種心情是從何而來呢？

因為「希望自己的存在價值得到認同」，是每個人都有的欲望

為什麼我們會希望，別人把自己視為「好人」呢？這是因為，希望自己的價值得到認同，是每個人都有的欲望。大家都希望「自己的存在是有意義的」。

不過，要得到所有人的認同並非易事。設法讓自己的價值得到更多人的肯定，其實也算是一種「競爭」。這個世上總有些人喜歡你，也有些人不喜歡你。換言之重要的是，要搞清楚「希望什麼樣的人喜歡自己」，或是「想以什麼樣的形式得到認同」。假如你很難具體思考這個問題，也可以反過來想一想「為什麼自己不被認同而感到痛苦」。

再者，我們有必要得到所有人的喜愛嗎？當然，有些人覺得越多人認為自己是「好人」、「很出色的人」，越能從中發現自己的價值。這的確是不爭的事實。不過，假如這樣還不滿足的話，就必須重新審視一次自己的真心。

想一想自己渴望得到誰的認同

想得到誰的認同？希望對方如何認同自己？

打從嬰兒時期開始，人類就擁有肯定自我價值的欲望。
而最早萌生的就是，「想得到媽媽的肯定」這種單純的心情。
接下來，這個對象擴及老師與朋友，
最後演變成「想得到社會的認同」這種欲望。
但是，要得到整個社會的認同是一件非常困難的事。
建議你不妨先想一想，以什麼樣的形式得到認同對自己是最好的。

哲學家提供的思考提示

黑格爾
相互承認
P.197

彼此在社會上互相認同，便能確立個人的人格。他人雖是威脅自身存在的存在，卻也是認識自己所不可或缺的存在。

柏拉圖
照顧靈魂
P.33

人類若想活得更良善，該怎麼做才好呢？不要只在乎社會評價等表面上的事物，重要的是要照顧好自己的內在（靈魂）。

為什麼「跟大家一樣」便能感到安心？

生活方式或意見跟周遭人一樣的話，
自己就能安心前進，這是為什麼呢？

假如自己的生活方式沒有明確的價值標準，就會依賴多數派的價值觀讓自己安心

在某種強而有力的價值觀支配整個社會的時代，生活方式的規範與善惡的標準都是固定的，只要不超脫這個框架，人們就能一直待在安全圈內。

可是，現代已不存在堅不可摧的價值觀，個人的生活方式可以說變得非常自由，卻也失去依據而變得不穩定。沒有依據的話，有些人就會認為「既然大家都這麼說，採取這種生活方式比較好吧」，於是依賴多數派的價值觀，好讓自己安心。如果成功了就沒有任何問題，但要是失敗了，就有可能內心受挫，或者怪罪社會與周遭，這樣只會令自己痛苦而已。

重要的是，要認同與接受自己的選擇。在心中樹立自己的價值標準（理想），並且根據狀況彈性調整。只要反覆這麼做，應該就能逐漸弭平理想與現實的落差。

如何以個人之姿堅定不移地活下去？

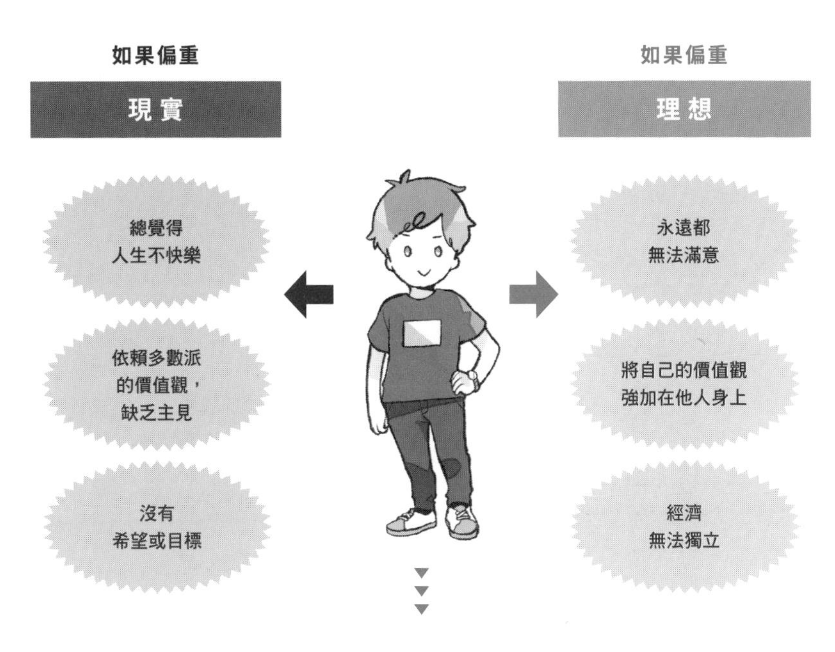

弭平理想與現實的落差

不妨先想像一下，自己的「想成為的自己」。
如果偏重「理想」，便很難獲得滿足感與認同感。
此外，堅持自己的價值觀而給他人造成麻煩的話，
也不能算是以個人之姿立身處世。
反之，如果偏重「現實」，就不會擁有希望或目標。

哲學家提供的思考提示

沙特
為己存有
P.221

人類總是於生存的同時，為自己的存在進行「選擇」。無時無刻讓自己的存在超越現在，邁向理想的未來，才是人類原本該有的樣子。

亞里斯多德
中庸
P.181

人類若想活得幸福就不能缺少「德性」，亦即傑出的人品。想要擁有德性，關鍵就是保持適度的均衡感，以「適中」為目標。

無法從工作中找出意義

不明白每天工作的意義。如果能過
不必工作的生活，這樣會比較幸福嗎？

想獲得肯定的欲望，有時能在「工作」這個環境中得到滿足

無法從每天到公司上班這件事中找出意義——你是否有過這種想法呢？這種時候，不妨重新思考一下，在社會上「工作」這件事的意義。不消說，大前提是勞動時間不會妨礙生活（非過度勞動）、勞動報酬要合理、沒有職權騷擾之類的權力問題。在這種情況下，「工作」即是在利害關係中尋求「肯定」。也就是說，不管職種為何，只要努力工作並得到報酬，應該就能得到組織或他人的認同，實際感受到自己是被需要的吧。

另外，「工作」的好處，有時不單是獲得金錢（薪水）而已。舉例來說，做家事、育兒、當義工等等並無金錢方面的好處，但在其他人需要自己的期間能得到社會地位，滿足自我價值肯定之欲望。因為「工作」是一種用來跟社會建立關係，獲得社會認同的工具。

何謂幸福度高的工作方式？

什麼樣的生活方式能夠適度滿足想獲得肯定的欲望？

只要工作就能讓社會認同自己的價值，想獲得肯定的欲望得到滿足後幸福度就會增加。反之，如果是報酬不合理的勞動，就無法滿足這個欲望。另外，如果是「用不著工作」的情況，則需要找出以其他形式得到肯定的手段。

哲學家提供的思考提示

鄂蘭
人的條件
P.226

人類的生活，是由維持生命所需的「勞動」、屬於製作行為的「工作」、在社會上發表言論的「活動」這三者所支撐。

海德格
存在
P.218

人類是唯一能夠思考自身存在的存在。不僅存在著，也會自覺地關心自己的存在，這是人類應有的自主狀態。

為什麼會對生存這件事感到不安？

你是否對生存這件事隱約感到不安呢？
原因究竟出在哪裡呢？

正因為有各式各樣的價值觀，才會對生活方式感到不安

現代是個喪失整個社會共通的價值觀之時代。由於各種價值觀都得到承認，善惡的判斷標準也變得模糊不清，讓人不明白「什麼才是真正的善」而萌生不安。

不過，自從近代誕生「作為一個自由存在的人類」這種價值觀以後，生存意義就只能自己去思考了。人類只能承受「沒有固定的生存意義」這股不穩定感，各自摸索自己的目標。

海德格主張，人類的生命有限，總有一天會死亡，所以才具備了正視死亡，選擇自己特有的生活方式這種可能性。另外，沙特認為，人類並非天生就擁有本質，只能自行找出本質（「存在先於本質」）。人生並沒有固定的答案。我們只能一面跟現實協調，一面尋找屬於自己的生活方式，這就是現代應採取的生存方式。

現代人所認為的「生存意義」是什麼？

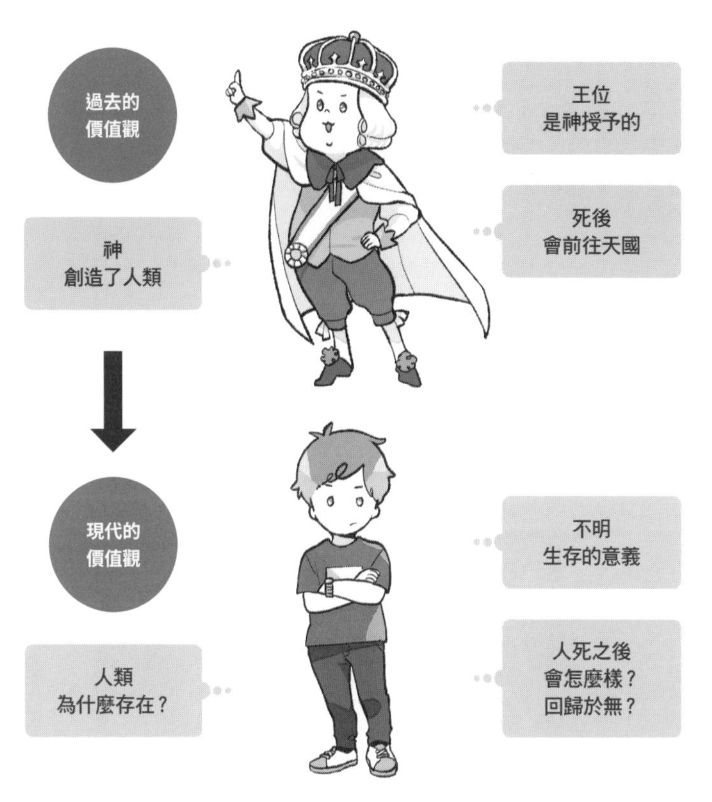

在從前的社會裡，神是生活的指導方針，每個人的身分與社會地位，
也是在誕生的同時就確定了。現代則否定了神的存在，並實現了自由的社會，
所以人才必須自行尋找生存意義。

哲學家提供的思考提示

海德格
籌劃
P.219

對人類而言，「死亡」是自身存在的終結，是最後一定會面臨的可能性。由於自覺到死亡的可能性，人類才能選擇（籌劃）原本該採取的生活方式。

尼采
永恆輪迴

尼采的獨特世界觀，認為所有的瞬間將永遠循環下去。在苦惱與快樂皆無限循環的狀態下，人能夠在一瞬間的幸福中肯定整段生命。

不知道自己的存在價值……

感受不到活著的意義，
每天過得渾渾噩噩。這種人應該不少吧？

意識到有限的未來，尋找令自己覺得「活著真好」的瞬間

思考自己的存在價值時，一定會遇到「既然最終都會死，為什麼還要活著」這個關於生存意義的問題。海德格認為，人類是向死而生的存在。人類總有一天必定會死，但是沒有人實際體驗過死亡。因此，大家都害怕死亡，平常都視死亡如無物，不去正視它。可是，死亡總有一天必定會到來，就這層意思來說，死亡是「最後的可能性」。

不過，再怎麼思考死亡這件事，也得不到開頭那個問題的答案。關於「人類為什麼活著」這個問題，科學也尚未找出解答。個人能夠做的，就是認識有限的未來，尋找令自己覺得「活著真好」的瞬間。沙特認為，人類是能夠朝著應有的秩序，自行開拓人生的「自由」的存在。就是因為不曉得存在價值，人類才能將人生改變成自己期望的樣子。

以理想的社會為目標，自行開拓人生

性少數者

過著不受天生性別
束縛的生活

單親

一個人養育孩子，
帶給孩子幸福

單身者

女性一個人
自立生活

向社会訴說自己的價值觀

沙特認為，每一個社會成員的行動都要「對社會負責」，
並且肯定積極參與社會活動（Engagement）的行為。
個人被賦予了選擇生活方式的自由，而得到自由的同時也要負起責任。
沙特主張，每個人透過生活方式向社　訴說自己的價值觀，
才是人類該有的模樣。

哲學家提供的思考提示

沙特
存在理由
P.220

有別於以目的（存在意義）為前提創造出來的「物」，人類並非天生就擁有存在理由。人類是一種必須自行尋找生存意義的存在。

海德格
籌劃
P.219

對人類而言，「死亡」是自身存在的終結，是最後一定會面臨的可能性。由於自覺到死亡的可能性，人類才能選擇（籌劃）原本該採取的生活方式。

如何才能對自己的生活方式產生自信？

自己對人生沒有自信，
也不知道如何才能「活出自我」……

承認社會存在了各式各樣的價值觀，便能看見屬於自己的人生

自己缺乏自信——就是這個原因，讓人渴望擁有「比現在更正確的人生」、「更好的生活」吧。不過話說回來，什麼是「正確」，什麼是「好」呢？個人的價值觀，大多是在家庭、學校、社會等環境中自然養成的。若將某一種價值觀絕對化，其他的價值觀便會遭到打壓。所以說，不妨認為世上不存在唯一的「正確」與「好」，承認各式各樣的價值觀，才能從中發現真理。

胡塞爾嘗試利用「本質直觀」這個方法，暫時拋開對事物的刻板印象，抽出意識接收到的意思，藉此找出事物的本質。建議你不妨拋開「自己的價值觀是絕對的」這項前提，再一次重新思考事物的意義，努力接近「正確」的本質。說不定你能在喪失自信的前一刻，以不一樣的態度面對自己的人生。

「正確的人生」是否存在？

人生的目的③

與孩子共度的時光
最重要

人生的目的②

人生因登山嗜好
而改變！

人生的目的①

勤奮工作
做出成果！

看待人生的目光
因每個人的價值觀而異

每個人的想法不同，因此存在著各式各樣的「正確」與「好」。
自己所認為的正確，與他人所認為的正確未必是共通的。
找出數種想法的共同之處，
應該就能實現可活得更輕鬆的社會吧。

哲學家提供的思考提示

彌爾
傷害原則
P.203

在所有人都自由享受幸福的狀態（最大幸福狀態）下，只有當個人或團體試圖造成危害時，才能夠干涉其自由的社會原則。

胡塞爾
本質直觀
P.244

互相用言語表達，「自己看到什麼」、「感覺到什麼」等各自的意識接收到的本質，藉此取得彼此都能接受的共識。

男人應該工作，女人應該走入家庭……？

對「女人（男人）應該～」這種來自周遭的意見抱持疑問，是否錯了呢？

先從暫時「懷疑一切」既有的價值觀著手吧！

「男人應該～」、「女人應該～」這種日常生活中，大家常常不經意使用的語句，其實也存在了某種刻板印象。人類形成價值觀的過程，即是以親子關係為起點。人從小就一再被命令或禁止，透過這個方式下意識地學習人類的生活規範。在這段學習過程中，應該也會被人要求「男孩子應該～」、「女孩子應該～」吧。

大家都會透過學校之類的國民教育，學習跨越人種與性別的「平等」、「自由」等價值觀才對。然而，出了社會後卻發現，這些價值觀未必都通用。

笛卡兒藉由「懷疑一切」，建構出哲學思考系統。懷疑所有的價值觀，以理性重新思考一次。超越宗教與文化的差異，任何人都能夠接受的事物才是普遍且正確的。至於有一點疑問的價值觀，則有重新思考的空間。

既有的價值觀真的正確嗎？

懷疑

所有的價值觀

方法論上的懷疑

思考所有的可能性，排除可疑的事物，藉此評估該價值觀的有效性。

前提

不違反法律

一旦決定就不動搖

不受個人欲望影響

重新思考既有的價值觀時，應先提出上述的前提。

信念當中，某個完全不容懷疑的事物保留了下來

將之視為屬於自己的「正確」並接受它

以「男人應該工作」這個價值觀為例，
或許可以舉出「男人有體力」、「自古就是這麼規定」等根據。
之後再想一想，這些根據能否套用在女性身上。
假如根據有矛盾之處，就表示這個價值觀有重新研究的空間。

哲學家提供的思考提示

傅柯
知識型
P.230

傅柯指的是各個時代的「知識架構」。人們是依照這個架構來認識世界，普遍的認識是不成立的。

笛卡兒
方法論上的懷疑
P.45

刻意懷疑所有事物，思考各種可能性。這是為了樹立任何人都能接受的普遍認識，所構思出來的方法。

AI能夠成為人類嗎？

不久的將來，AI（人工智慧）將更加貼近你我吧。
AI是否遲早會變得像人類一樣呢？

先想一想「什麼是人類」

「AI（人工智慧）」是一個統稱，它的定義五花八門。應該有不少人會聯想到科幻電影等作品中出現的機器人吧。其實，在現今的科學上，尚不存在真正的AI。一般所謂的「AI」，全都只是運用「AI技術」的東西罷了。此外，關於未來AI能否真正實現這個問題，也是眾說紛紜，莫衷一是。

這裡就不討論尚未到來的未來，先來思考「身而為人」這件事。身而為人的條件當中，具代表性的就是「不安」與「欲望」。人類是地球上，唯一能自覺到將來的死亡，並且對死亡感到不安的生命。不過，也因為死亡是未知領域，人類才會懷抱希望，有著「想知道」未知事物的欲望。生存上的不安以及欲望，能夠輸入至AI嗎？另外，這麼做有意義嗎？這或許就是AI能否成為人類，或者是否該變成人類的分歧點。

身而為人的條件是什麼？

對未來的不安

對生命抱持根源性的疑問，例如：「為什麼會出生」、「為什麼會死亡」。

持續追求某個事物的欲望

有著想知道「不曉得的事」、「被隱瞞的事」這種無窮無盡的欲望。

學習能力

記住被教導的事物，累積這些記憶來進行學習。

執行學到的事物之能力

實際執行學到的事物。如果深入學習，還可視狀況改變行動。

未來AI能成為人類嗎？

在學習能力與執行能力方面，AI發揮了人類比不上的威力。
但是，不具備「不安」與「欲望」的東西，應該很難定義為「人類」吧。
我們只能期待今後的技術革新，看看會提出什麼樣的答案了。

KEYWORD
杜林測試

數學家艾倫・杜林（Alan Turing）實施的測試，用來判斷電腦是否擁有智能。這場實驗是透過螢幕與鍵盤，跟人類以及模擬人類的電腦對話，再判斷何者是人類，何者是電腦。

哲學家提供的思考提示

邱奇蘭德
心靈哲學
P.238

研究人類的心靈，與物理之物（例如腦內的訊號或刺激）的關聯性。此哲學是基於「物理主義」的思想，即世界上所有現象，全都能從物理角度來說明。

希爾勒
思想實驗
「中文房間」P.236

即使是不懂中文的英國人，只要依照英文手冊的說明，就能回答中文問題。但是，這不代表那名英國人懂中文。

AI能夠判定正義嗎？

AI擁有極高的智能。
既然如此，我們可以交由它來判斷善惡嗎？

雖然很難肯定地說「能夠判定正義」，但應該可以運用於審判制度

觀 察目前的審判制度，可以發現多數的判決是參考過去的判決例。所以說，如果把過去的判決例輸入至AI，或許就不難分析有罪與無罪在統計上的優勢。不過，就算如此，也很難肯定地說「AI能夠判定正義」。因為過去的判決例，只不過是前人所做的判斷之累積，其判斷標準終究在於前人。

這裡就來想一想，在這種前提下將AI運用於審判制度的情況。首先，AI作答系統必須規格化。做出判斷的過程不能是黑箱作業，而且任何人都可以明確地重新檢驗AI的程序。另外當然也不可缺少，在無法取得共識的階段能夠停止使用的系統。這也跟近代社會的形成過程中，霍布斯、盧梭、洛克等近代哲學家提出的理想權力形式很相似。

AI能夠決定個人的未來嗎？

人們形成共識，將公共的權力委讓給AI。如果對照社會契約說(下述)的理想權力形式，這一樣需要阻止失控的規則。

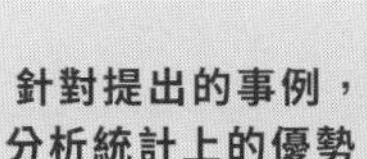

前提①

同意服從AI的決定

形成共識，無論AI提出什麼答案都先接受。

前提②

累積過去的判決例

輸入前人的判決例，賦予AI接近人類的判斷力。

針對提出的事例，分析統計上的優勢

根據累積下來的過往資料，針對新的事例，分析有罪與無罪在統計上的優勢。這道程序必須是公開的，任何人都可以檢驗。

能否配合時代進行更新呢？

如果是過去的資料裡沒有的事件呢？

會產生「能夠如何因應新出現的事例，或隨著時代改變的價值觀？」、「能否具備時代敏感度？」這類問題。

哲學家提供的思考提示

洛克
社會契約說
P.247

為了維持社會的秩序，社會的成員將權利信託給政府。由於不是讓渡，如果政府沒達成目的，成員能夠立即重新建立政府。

霍布斯
社會契約說
P.189

社會的成員基於共識，將自己的權利委讓給公共的權力，以維持社會的秩序。

能夠跟AI成為朋友嗎？

目前已經能跟AI進行簡短的對話。
能夠成爲眞正朋友的日子是否也不遠了？

「快樂」、「自由」、「出於關心給予建議」……想一想朋友關係的本質

「朋友」只是個統稱，其實還可以細分成各式各樣的種類，例如：學校或職場裡的朋友、有著共同嗜好的朋友、能夠商量煩惱的朋友……等等。以下就舉幾個這些朋友的共同點：「相處起來很快樂」、「沒有利害關係、自由的人際交往」、「出於關心給予建議」等等。符合這幾點的關係，我們一般都會稱為朋友才對。

這裡要討論的問題是：AI會自發性地產生這類情感嗎？如果不具備這些情感，我們很難稱AI為朋友吧。不過，換個角度，來看看人類朋友的情況。我們能夠很肯定地說，人類朋友都符合前述的條件嗎？應該也有不少人，為了維持圓滑的關係而提出違心的建議，或者被難以算是自由的人際關係束縛吧。「能否跟AI成為朋友」這個問題，應該也是一個促使我們重新檢視人際關係的機會。

什麼是「真正的朋友」呢？

想得到的朋友的條件

- 相處起來很快樂
- 能夠自由往來
- 出於關心給予建議

AI不具備自發性的意志，這樣還能稱為朋友嗎？

只要AI技術有所進步，就能根據人類的表情或話語，表面上做出對方所期望的反應。當AI變得跟懂得察言觀色的「朋友」幾乎沒兩樣時，我們可以稱AI為朋友嗎？

哲學家提供的思考提示

維根斯坦
語言遊戲
P.217

所有的語言都是生活型態的一部分。人們每天都在進行「遊戲」，依據用法來決定語言的意義。因此，語言無法固定於單一意思。

詹姆斯
實用主義
（工具主義真理觀）P.210

真理並非普遍的，而是取決於狀況或目的。即便是AI，如果自己覺得它是「朋友」，那事實或許就是如此。

AI能夠成為「人類」嗎？從哲學角度探討AI

探討人工智慧時，免不了觸及「什麼是人類」這個根源性問題。P.154～159便是從各種角度討論這個問題。那麼具體來說，現實中的「AI」辦得到哪些事呢？

AI做不來的事

處理模糊籠統的資訊

像「心跳加速」、「頭腦一片空白」這類模糊籠統的語句，AI極有可能無法理解。如果使用「不得了」之類，視情況有好幾種意思的詞彙，就很難跟AI對話。

真正理解感情

AI能夠從人類的表情推測情緒，如果對方看起來很開心，就會做出開心的反應，如果遭到對方冷落就會鬧彆扭，表面上看起來就像是擁有感情。但是，這並不代表AI擁有真正的感情。

AI的活躍領域

導航

搜尋前往目的地的最短路線。至於預測塞車功能，則是根據龐大的過往交通資訊，以及星期幾或時刻等條件，規劃出最合適的路線。

電話客服中心

將過往的洽詢內容輸入至AI，進行手冊化。支援客服人員，在面對各種問題時能夠正確地應對。

臉部辨識

AI在分辨人臉時，是根據眼睛、鼻子與嘴巴的位置，以及骨架等資訊，來辨識這個人的臉孔。即使換了服裝或髮型、戴上眼鏡或口罩來改變印象，辨識成功率依然很高。

西洋棋之類的遊戲

AI在西洋棋、圍棋、將棋等領域，接連擊敗專業棋手贏得勝利。據說AI會讀取龐大的過往對戰資料進行分析，下西洋棋時能在1秒內預測2億種局面。

醫療

醫師實際診斷過的病例很有限。在這點上，AI能夠讀取龐大的過往病例，根據這些資料做出判斷。2016年，人工智慧系統「華生」因一下子就看出患者罹患特殊白血病而造成話題。

AI的未來

目前的AI，只不過是語音辨識技術與圖像處理技術，亦即「AI技術」的總稱。「未來會出現完全具備人類的能力或性質的AI嗎？」、「這種AI真的有需要嗎？」這些問題仍有待今後討論。

從古代到超現代

一定要認識的
33名哲學家

對「哲學」有了初步認識後，
接下來翻開哲學史一探究竟吧！
不知道歷史背景，就無法談論哲學家的思想。
只要瞭解思想的背景，
就能增加知識的深度。

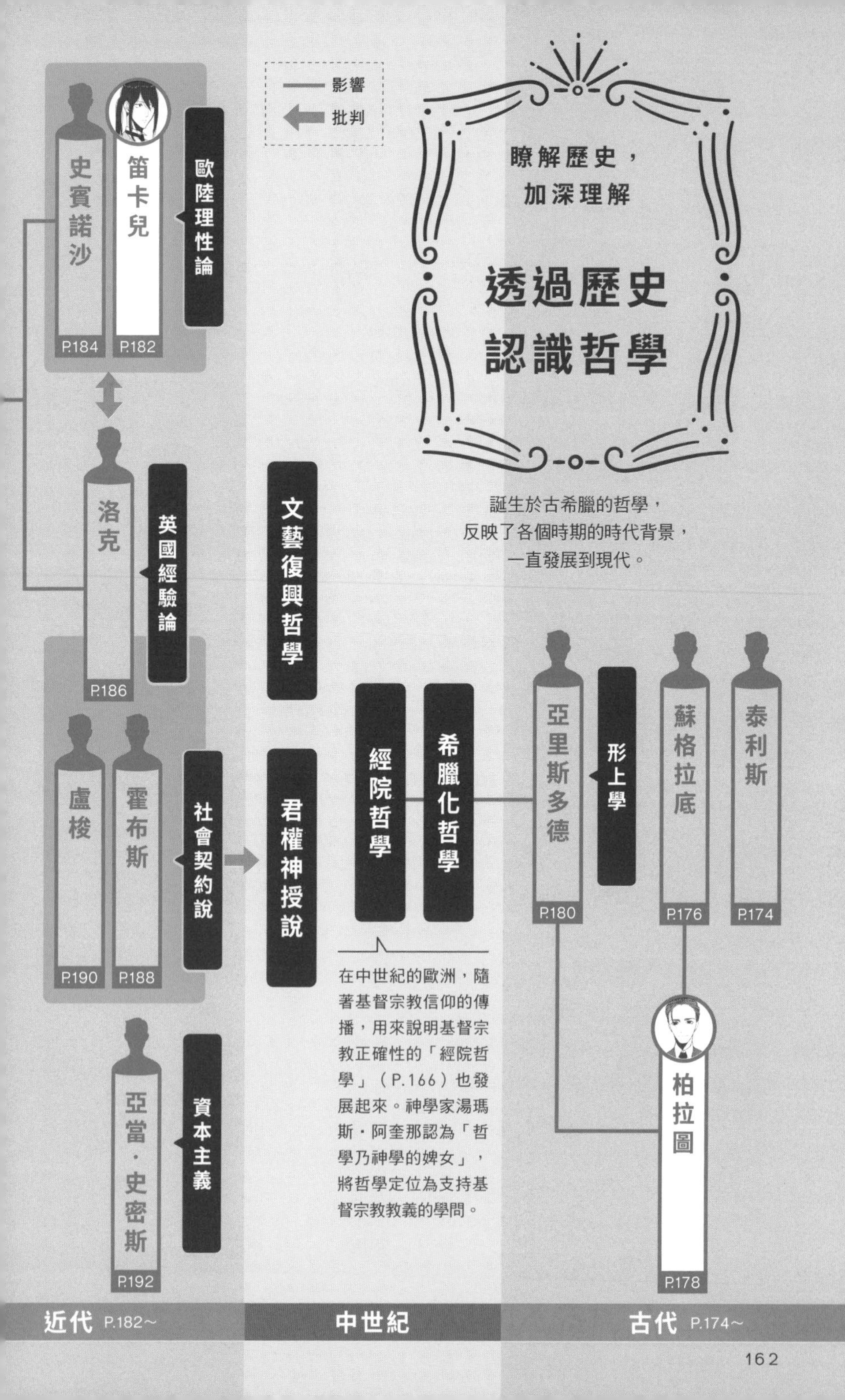
影響
批判
瞭解歷史，
加深理解
透過歷史
認識哲學
誕生於古希臘的哲學，
反映了各個時期的時代背景，
一直發展到現代。
史賓諾沙
P.184
笛卡兒
P.182
歐陸理性論
洛克
P.186
英國經驗論
文藝復興哲學
盧梭
P.190
霍布斯
P.188
社會契約說
君權神授說
經院哲學
希臘化哲學
亞里斯多德
P.180
形上學
蘇格拉底
P.176
泰利斯
P.174
柏拉圖
P.178
在中世紀的歐洲，隨著基督宗教信仰的傳播，用來說明基督宗教正確性的「經院哲學」（P.166）也發展起來。神學家湯瑪斯．阿奎那認為「哲學乃神學的婢女」，將哲學定位為支持基督宗教教義的學問。
亞當．史密斯
P.192
資本主義
近代 P.182～
中世紀
古代 P.174～

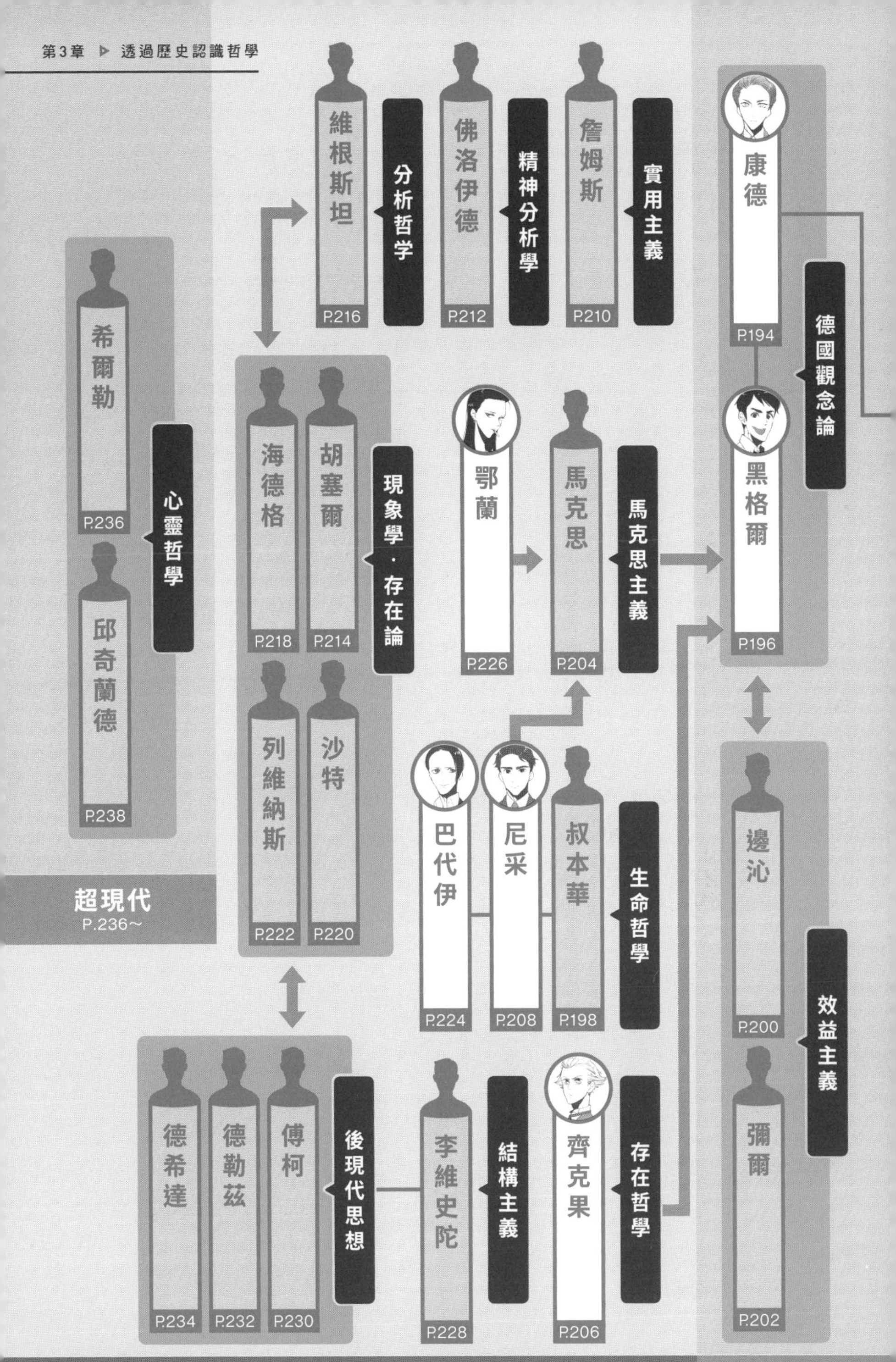
維根斯坦
P.216
分析哲学
佛洛伊德
P.212
精神分析學
詹姆斯
P.210
實用主義
康德
P.194
德國觀念論
黑格爾
P.196
希爾勒
P.236
心靈哲學
邱奇蘭德
P.238
海德格
P.218
胡塞爾
P.214
現象學・存在論
列維納斯
P.222
沙特
P.220
鄂蘭
P.226
馬克思
P.204
馬克思主義
巴代伊
P.224
尼采
P.208
叔本華
P.198
生命哲學
邊沁
P.200
效益主義
彌爾
P.202
超現代
P.236～
德希達
P.234
德勒茲
P.232
傅柯
P.230
後現代思想
李維史陀
P.228
結構主義
齊克果
P.206
存在哲學
現代 P.204～

哲學的誕生

背景

西方哲學誕生於希臘，並以此地為中心開始發展。

以神話式價值觀的瓦解為開端，從希臘文化發展出哲學

西元前6世紀左右，被譽為「哲學之祖」的泰利斯，活躍於希臘的殖民都市米利都（Miletus）。米利都是一座國際貿易都市，與埃及、美索不達米亞等其他國家的交流也很盛行。泰利斯在此地發現，希臘神話的世界觀並非全世界都通用，於是提出「本原」（萬物的根源）這個取代神話的概念，並認為「水」是萬物的本原。於是，「哲學」這門探究世界根本原理的學問便誕生了。泰利斯的思想接納其學生的批評，逐漸發展開來。基本的哲學活動——深化先人的思想，將之發展成更好的思想——就是始於這個時候。

這種哲學又稱為自然哲學，進一步發展這門學問的人是柏拉圖。當時希臘的都市國家（城邦）已發展成熟，為了維護共同體，人類的生活方式成了重大的問題。柏拉圖承襲恩師蘇格拉底的思想，探究善與美這類讓人「活得良善」的價值。此後，這些價值成了哲學的普遍主題傳承下來。

主要的哲學思想 柏拉圖哲學、亞里斯多德哲學（形上學）

這個時代的主要哲學家

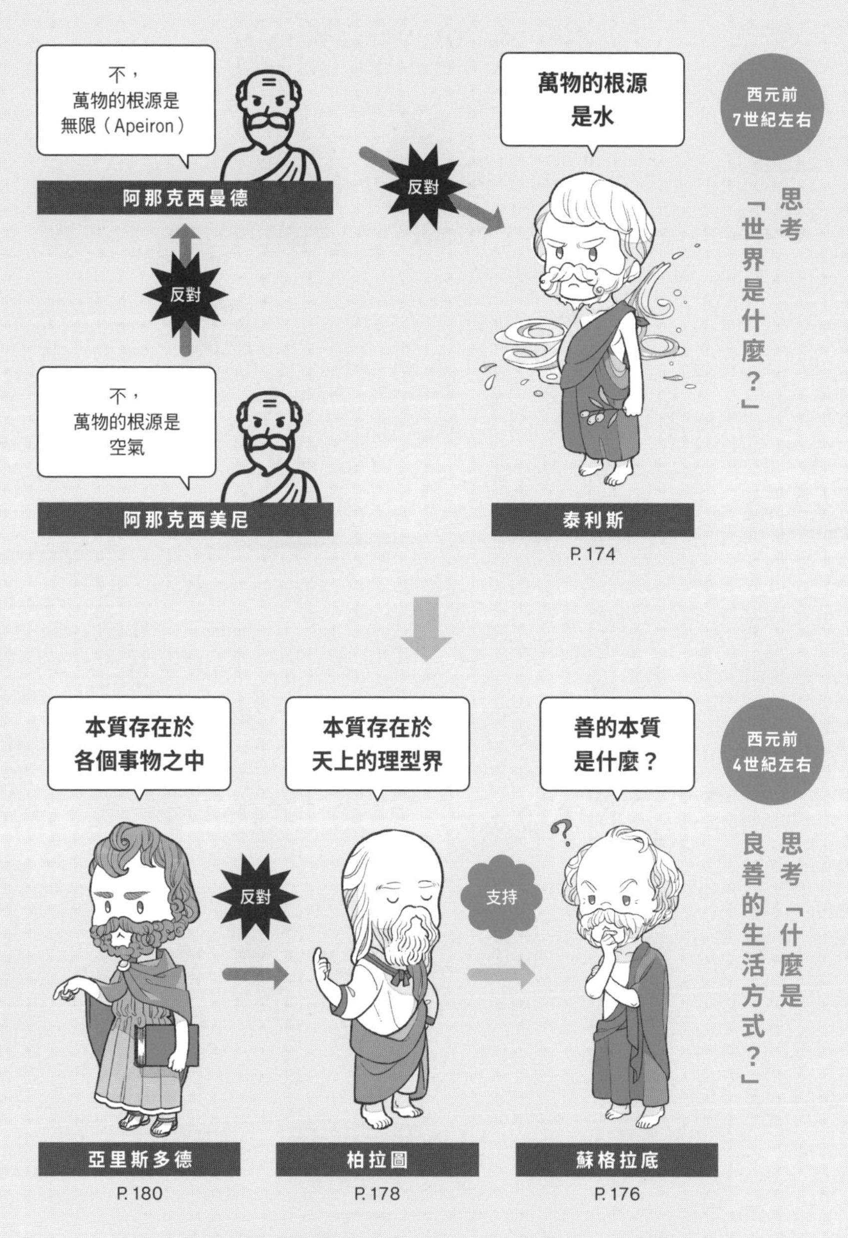

蘇格拉底以前的哲學家，探究的是「自然的根源為何」。到了蘇格拉底與柏拉圖的時代，則以「何謂活得良善」為主題，大力發展哲學的思想。

中世紀～近代

13～17世紀

理性思考

背景

基督宗教哲學（經院哲學）形成與發展。不過，與教義之間的矛盾逐漸擴大。

隨著自然科學的發展，新的哲學潮流應運而生

到了中世紀，基督宗教在歐洲廣為盛行。哲學被定位為補充基督宗教神學的學問，形成「經院哲學」並持續發展※。這個時期認為，人類身為神的創造物，光憑知性是無法抵達真理的，唯有憑藉神的「恩惠」才能實現。

然而進入17世紀後，基督教會的腐敗引發了宗教戰爭，再加上文藝復興時期數學與自然科學的發展，神的存在絕對性逐漸開始動搖。

被譽為「近代哲學之父」的笛卡兒，是哲學史上第一位明確提出「哲學的出發點，必須是任何人只要理性思考就能夠接受的」這種觀念的哲學家。他從根本檢視、批判神學的理論，認為人類能夠憑藉理性得知何者為真。這種思想稱為「歐陸理性論」，之後成為近代價值觀的基礎，即「人類能夠靠自己得知該做什麼事」。

※亞里斯多德以後的希臘哲學，在歐洲曾一度沒落，但在傳入伊斯蘭世界後發揚光大。之後在始於11世紀的十字軍東征中，隨著伊斯蘭文化一起重新傳入歐洲，發展成經院哲學。

主要的哲學思想 經院哲學、歐陸理性論

這個時代的主要哲學家

17世紀前半期

歐陸理性論

神即自然

他是無神論者！

反論

教會

史賓諾沙

P.184

嘗試運用數學的「定理」、「公理」等證明方法說明世界。他將神這個絕對的存在與自然劃上等號，以此進行「證明」，結果被教會視為異端。

笛卡兒

P.182

嘗試運用理性，從根本懷疑所有的價值觀，藉此將支撐既有價值觀的學問體系整個打掉重新建立。特色是這個方法任何人都可以實踐。

中世紀的基督宗教哲學

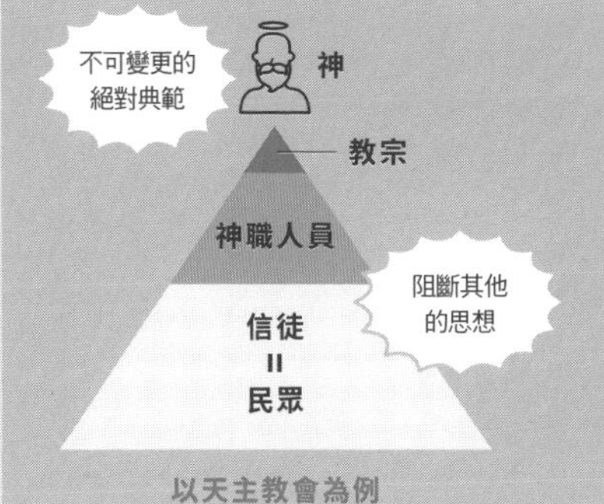

神的教誨是唯一的正解

宗教的邏輯是由金字塔型價值觀所支撐。以羅馬天主教為例，神是世界的創造主，領導民眾的教宗則在神之下，將神的教誨一層一層地傳達給底下的人，因此底下的人無法提出異論。經院哲學也認為「哲學乃神學的婢女（隸屬物）」，神的教誨亦即神學是最重要的。

公民社會的誕生

背景

憑著邏輯與理性，創造嶄新社會的活動蔓延開來。

社會革命的時代來臨，進入以民眾為主角的時代

中世紀的基督宗教式價值觀逐漸動搖，「人類乃神的創造物」這個觀念也隨之瓦解，繼而誕生「每個人都是一個存在」這種概念。至於世界的秩序與善惡的規則，也不是神制定的，人類只要理性思考便能得到解答。

最早思索「平等」的人是霍布斯。霍布斯認為，在沒有神的世界裡，不安且互不信任的人類會發生對立。另外，要創造新的社會，必然需要人們達成共識建立公共的權力。

進一步發展「道德」概念的人是康德。康德認為，人類不必依賴神，能夠用自己的理性判斷善惡。黑格爾重新探討這個思想，主張互相承認每個人的自由，是實現自由社會的根本原理。

主要的哲學思想 社會契約說、德國觀念論

這個時代的主要哲學家

社會契約說

P. 188

17世紀前半期

主張在自然狀態下，社會處於互相爭鬥的狀態。因此人們必須達成共識，將自己的權利讓渡給個人或議會，建立公權力。

發展

自由的社會萬歲！

民眾

每個人都能自由生活的原理應該存在

盧梭

P. 190

18世紀前半期

提出遴選統治者的選舉制度等符合社會契約的構想。探究所有人都能自由生活的社會之原理。

德國觀念論

康德

P. 194

18世紀後半期

主張人類必須以自己的理性判斷「善」，並且採取符合「善」的行動。認為近代應以理性作為善的新標準。

應該有大家能自由選擇各自的善的條件

凡理性的都是現實的，凡現實的都是理性的

黑格爾

P. 196

19世紀前半期

認為「自由」是關係性的（社會性的）東西，歷史為實現自由的過程。在著作《精神現象學》中主張，實現自由之過程的最終階段，為每個人的良心※達成共識的狀態。

※遵從各自的確信去行「善」。

思考「活著」這件事

背景

隨著科學的發展，神的存在變得非常模糊，既有的價值觀也瓦解了。

基督宗教的價值觀消失，緊接著興起有關「存在」與「意識」的分析

到了19世紀，傳統的價值觀因工業革命的進展，以及隨之而來的社會變革而瓦解。另外，近代哲學所描繪的理想社會面臨各種矛盾，資本主義經濟造成的巨大差距給人們帶來影響。於是，人們被迫站在新的岔路口上，不得不自行決定自己的生活方式。質疑近代哲學的思想，面對「活著」這件事——這股新的哲學思潮就在這種情況下形成。

齊克果是首位將焦點放在「獨一無二的這個我」上的哲學家。有別於過去那種討論普遍真理的哲學，他探究的是「對自己為真的真理」。尼采則批判既有的價值標準，尤其是基督宗教對善惡的看法。佛洛伊德也因為發現「潛意識」，而將過去哲學所重視的「理性」概念視為應重新探究的對象。

主要的哲學思想 生命哲學、存在哲學、實用主義、精神分析學、現象學、分析哲學

這個時代的主要哲學家

19世紀後半期

生命哲學

上帝已死

尼采

P. 208

將基督宗教的道德稱為「奴隸道德」，批評這種善惡的價值觀源自於「憤懣（嫉妒）」。

19世紀前半期

存在哲學

對我為真的真理

齊克果

P. 206

探究只屬於自己的、主體的真理。在不受一般價值觀的束縛，於神的面前以「單獨者」之姿活著這件事中發現價值。

20世紀前半期

精神分析學

人類的行動是由潛意識掌控

佛洛伊德

P. 212

主張意識是由背後的潛意識所掌控，批判之前的哲學。

19世紀後半期

實用主義

重要的是實際上是否有用

詹姆斯

P. 210

真理的標準，並非主觀與客觀的一致，而是在於這個觀念是否「有效」。

20世紀前半期

分析哲學

P. 216

主張語言與世界為對應關係。之前的哲學，不過是無對應世界的東西、沒有意義的「閒談」罷了。

20世紀前半期

現象學

P. 214

開創現象學，這是一門從出現在意識中的現象，洞察事物本質（意義）的學問。

多樣化的價值觀

背景

2場世界大戰結束後，進入各種概念誕生且獲得接受的時代。

以撼動西方哲學思想的「結構主義」為首，各式各樣的哲學概念紛紛誕生

20 世紀爆發的第一次世界大戰與第二次世界大戰，對哲學的思想也造成重大的影響。近代社會本該努力不懈地朝著「自由」與「平等」這樣的理想前進，卻因為極權主義與社會主義興起而面臨危機。哲學家們紛紛思考該如何重建這個社會。

戰後，以法國哲學家沙特為代表的存在主義風靡一時。沙特認為，即使處在逆境中，人類也有能力開拓人生，並主張人類原本的自由可透過社會參與來實現。人類學家李維史陀對這股思潮提出疑問。他關注未開化社會所具備的嚴密結構性，指出所有的社會應該是建立在隱藏的結構上。他所提倡的結構主義，不僅撼動重視人類主體性的存在主義思想，更促使提倡「解構」普遍性與真理的後現代思想誕生。

主要的哲學思想 存在主義、結構主義、後現代思想

這個時代的主要哲學家

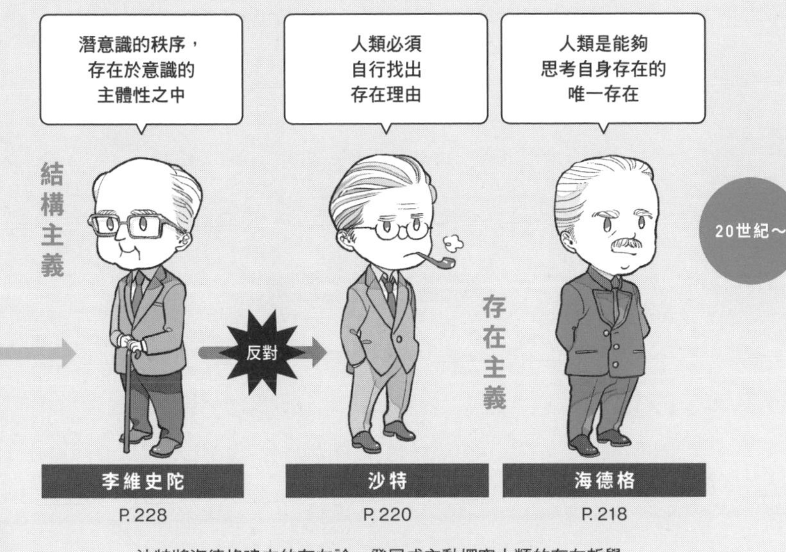

沙特將海德格建立的存在論，發展成主動探究人類的存在哲學。
李維史陀的結構主義則徹底否定存在主義。

後現代思想

後現代思想主張，極權主義的背後有著近代哲學。
因為過於重視「真理」，導致多數者打壓少數者，抑制多樣性。

Thales

泰利斯

BC624？～546？／希臘／自然哲學

自有紀錄以來最早的哲學家，被譽為「哲學之祖」。出生於希臘的殖民都市米利都，探究萬物的根源（本原）。

主要著作

沒有

※後來亞里斯多德蒐集整理了相關的傳聞。

萬物的根源是水

泰利斯主張水是萬物的根源。水可化為液體、氣體、固體，因此他認為萬物都是水改變性質所形成的。

KEYWORD

自然哲學

將理性思維帶進神話式的思想中

古希臘依據神話的概念，認為所有事物都是神的力量創造出來的。泰利斯則試圖在肉眼可見的東西中探尋根源（本原），並且以理性來說明。

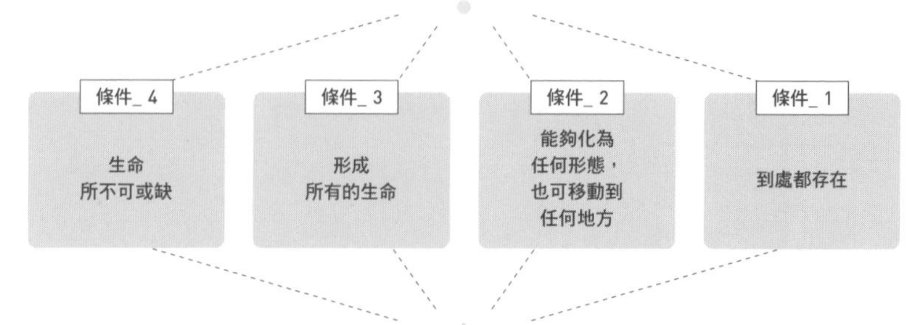

本原

水、空氣、火……
作為世界基礎的物質

在希臘語中有「起始」的意思，是構成世界的萬物根源。泰利斯探究其原理，他的後繼者們則提出包含抽象之物在內的各種概念，例如「無限」、「空氣」、「數字」等等。

德謨克利特

萬物的本原是

原子

阿那克西美尼

萬物的本原是

空氣

泰利斯

萬物的本原是

水

泰利斯認為本原是水，他的學生阿那克西美尼（Anaximenes）則認為是空氣。身為後繼者的德謨克利特（Democritus），主張所有的物質，都是肉眼看不到的小粒子「原子」運動結合而成的。

預測橄欖豐收而大賺一筆

泰利斯運用天文學知識，預測來年的橄欖將會大豐收，並且買下所有的壓榨機。到了次年果真大豐收，壓榨機供不應求，許多人都向他租借機器，因而賺了一大筆錢。另外，泰利斯也曾運用測量術預告日蝕發生的日子，堪稱是精通科學、博學多才的人物。

思想的背景

追求從哲學角度闡明世界上各種現象的思想

泰利斯誕生在希臘的殖民都市米利都（現在的土耳其），這個地方曾是與美索不達米亞、埃及等地交流頻繁的國際都市。泰利斯發現，希臘神話的世界觀並非全世界都通用，為了找出取而代之的世界原理，於是開始探究「萬物的根源」。

Socrates

蘇格拉底

BC470？～399／希臘

透過對話，探究善與美。沒有留下著作，僅學生柏拉圖（P.178）記錄他的言行收錄在《對話集》中。

主要著作

沒有

※柏拉圖以對話錄形式，將他的言論彙整成《蘇格拉底申辯篇》。

無知之知

蘇格拉底發覺自己對於真正重要的事一無所知，因而開始探究「真知」。

KEYWORD

無知之知

知道自己並不曉得應該知道的事

蘇格拉底認為，人類真正該知道的是何謂「善」與「美」。此外他也發現，大多數的人只擁有世俗的智慧，不曉得自己的「無知」。

只有神知道一切

只有我知道
「我一無所知」

神殿傳出「沒有人比蘇格拉底更睿智」這則神諭，蘇格拉底聽聞此事後十分訝異，不過他將睿智解釋為「只有自己知曉自己的無知」。

對話法

透過對話使他人發覺自己的無知，繼而接近真理

蘇格拉底從「一無所知」的角度向他人提問，再針對回答繼續追問，藉此讓對方明白個人的認識有多麼模糊不清。

藉由再三提問，推翻對方以為是常識的知識，使他明白「自己一無所知」。然後透過對話，引導對方獲得真正的知識。

接受死刑判決喝下毒酒

蘇格拉底因揭露智辯家的無知而遭他們控告，罪名是「使青年墮落」。周遭皆勸他逃亡，但他卻表示「惡法亦是法，違抗法律不能算是活得良善」並選擇死亡。他在法庭上的自辯，記錄在柏拉圖所著的《蘇格拉底申辯篇》。

思想的背景

為了抓住民眾的心，舌粲蓮花的政治家變多了

在當時的希臘，若要獲得政治上的成功，辯論的技巧十分重要，指導辯論術的智辯家※擁有很大的力量。但是蘇格拉底主張，真正該朝向的目標並非社會上的成功，而是「照顧靈魂」（P.33），人應該思考更良善的生活方式。

※在當時的希臘社會裡，收取學費，傳授辯論技巧、政治與法律等學問的知識分子。由於主要目的是說服民眾，後世又稱他們為詭辯家。

Plato

柏拉圖

BC427～347／希臘

古希臘雅典的貴族子弟。為蘇格拉底的學生，追尋探究「善」、「美」、「正義」等「活得良善」所不可或缺的價值。

影響他的哲學家

蘇格拉底（P.176）

主要著作

《蘇格拉底申辯篇》、《會飲篇》、《斐德羅篇》、《理想國篇》

本質存在於天上的理型界

事物的真實樣貌，存在於天上的理型界。現實中人類所認識的事物，就像是理型界裡真實樣貌的影子。

KEYWORD

理型

所有的事物都有理型（本質）

理型是指，可透過回憶（Anamnesis）認識的真正存在。柏拉圖認為，人類的靈魂在誕生之前曾於理型界看過各種理型，誕生以後便藉由回想在理型界看到的理型來認識事物。

為什麼我們能把各種形狀的杯子，全都理解為「杯子」呢？
柏拉圖認為，這是因為這些物品都有「杯子（＝盛裝液體的容器）」這個理型。

KEYWORD

理型的理型

當中特別重要的理型是善、美、正義

「善」、「美」、「正義」等概念很難用普遍的意思來解釋，只能透過對話法（P.177）追尋探究。其中「善」的理型最為重要，更被稱為「理型的理型」。

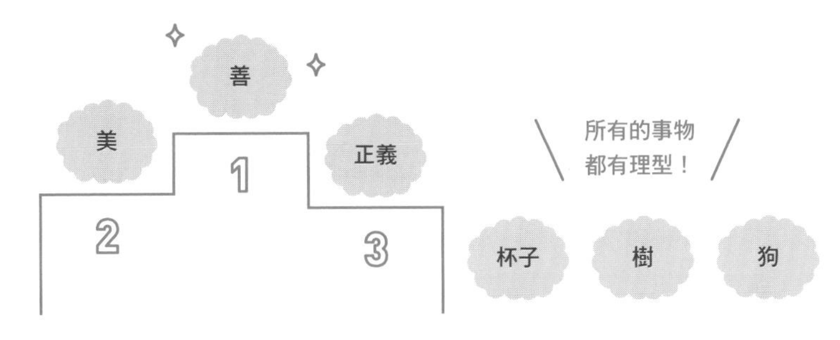

「正義」與「美」的理型，是基於「善」的理型才存在。
「善」的理型是知識、真理的根據，少了「善」，「正義」與「美」的意義就不成立。

對戀愛而言外表也很重要！柏拉圖式愛情的原始意義

「柏拉圖式愛情」是指精神上的愛情，不過柏拉圖本身卻認為，美麗的肉體是戀愛的第一條件。對於看不見美的理型的人而言，美人是療癒其苦惱的唯一存在。欣賞美麗的外表而得到療癒後，便能抵達靈魂之美。

思想的背景

因不穩定的政治體制與恩師的死，決定踏上哲學之道

柏拉圖原本想當政治家，後來遇見了蘇格拉底，頗為贊同他的思想，沒想到雅典議會卻給蘇格拉底判了死刑。另外，當時雅典的政治體制一變再變極不穩定，柏拉圖因而對政治感到失望。之後便展開了價值的洞察。

Aristotle

亞里斯多德

BC384～322／希臘／形上學

不僅提倡「四因說」，還將邏輯學、自然學、政治等各種學問體系化，被譽為「萬學之祖」。雖然是柏拉圖的學生，卻否定理型論。

影響他的哲學家

柏拉圖（P.178）

主要著作

《形上學》、《政治學》、《尼各馬科倫理學》

本質存在於各個事物之中

柏拉圖認為，事物的本質存在於理型界（P.178），亞里斯多德則在事物本身當中探求本質。

KEYWORD

四因

事物有著4種原因

亞里斯多德認為事物的根本原因有4種，分別是「形相因」、「質料因」、「動力因」、「目的因」。最高的目的因是「至高善」，應由最高的共同體「城邦（國家）」來推行。質料因是事物的「材料」，形相因是事物的本質，動力因是形成事物的動力，目的因則指事物的終點。

質料因

形成事物的素材，例如陶器。

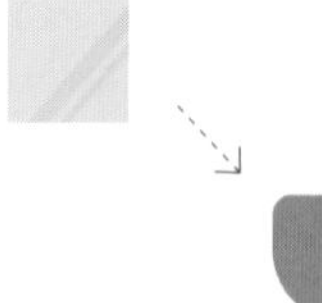

形相因

事物的本質，例如「盛裝液體的容器」這類「杯子」的概念。

杯子

目的因

表示目的，例如為了喝水。

動力因

例如在工廠製作之類的理由。

KEYWORD

中庸

實現人類的生存目的「幸福」的方法

「幸福」是人類生存的目的因，要達成這個目的不可缺少「德性」，即傑出的人品。此外，想要擁有德性，關鍵就是保持適度的均衡感，以「適中」為目標。

不足		中庸		過度
膽小	←----	勇敢	----→	魯莽
小心眼	←----	大方	----→	隨便
不愉快	←----	親愛	----→	討好
卑微	←----	矜持	----→	驕傲

「德性」是指「倫理上的卓越性」，也就是合乎倫理的德。想要擁有德性，不只要具備知識與教養，還應該養成不「過與不及」，選擇「中庸」的習慣。

重新傳入歐洲的亞里斯多德哲學

亞里斯多德的哲學，曾有一段時期遭到歐洲遺忘。不過，傳入東方的伊斯蘭世界後有了不一樣的發展。後來因為發生十字軍東征，亞里斯多德哲學再度隨著伊斯蘭文化一同傳入歐洲。天主教會採納他的哲學，發展成證明信仰正確性的經院哲學（P.166）。

思想的背景

在柏拉圖學院學習學問的基礎

亞里斯多德曾在柏拉圖創設的「學院（Academy）」學習，後來他自行創立「萊西姆學院（Lyceum）」，在邏輯學與藝術等各個領域從事研究活動。對老師柏拉圖的理型論存疑，積極提出另一套見解，這可說是希臘哲學師生關係的特色。

René Descartes

勒內・笛卡兒

1596～1650／法國／歐陸理性論

哲學家暨數學家。將數學所用的公理※導入哲學中，建構出只要運用理性，任何人都能得到相同解答的思考模式。

主要著作

《談談方法》、《論心靈中的激情》、《沉思錄》

※建構數學理論時，作為前提、起點的根本命題。

我思，故我在

又稱為方法論上的懷疑（P.45）。為「以理性冷靜做出判斷的事物，是可以信賴的正確認識」這項結論的根據。

KEYWORD

理性

以理性認識、掌握世界與自己

「我思，故我在」的思想，意指將人類的理性當作認識所有存在的根據。此外，包含自己的肉體在內，所有的世界都是可用理性認識、掌握的對象。

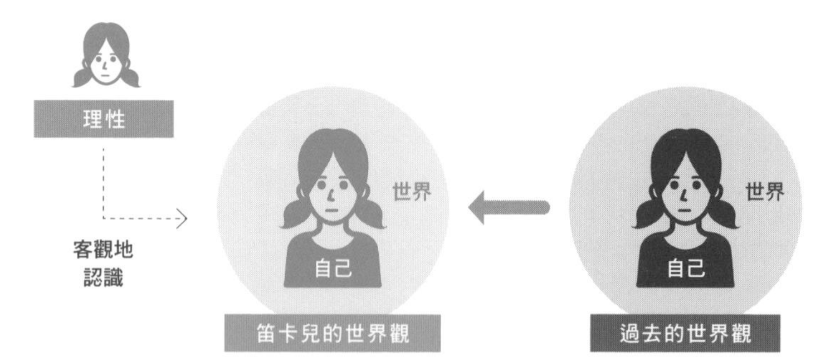

中世紀的世界是以神為中心，自己則是包含在世界裡的存在。
不過，發現「理性」後，世界的本質變成了可客觀認識的東西。

KEYWORD

心物二元論

屬於物質的肉體與屬於精神的心靈是不同的東西

人類同時擁有會占空間、屬於物質的肉體，以及在物理上並不存在的心靈（理性）。笛卡兒認為，心靈與肉體是不同的東西，肉體就像是在心靈作用下活動的「機械」。

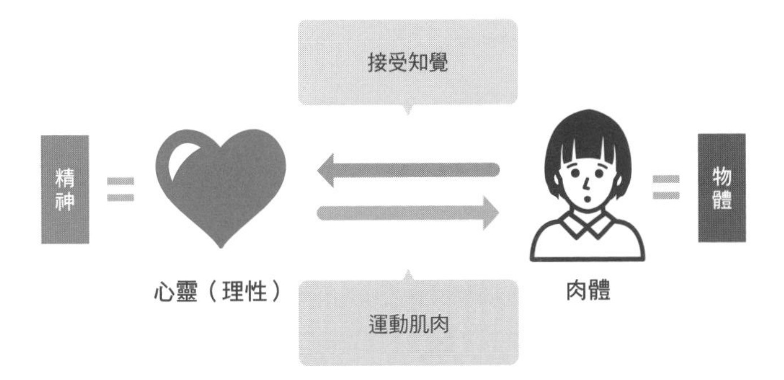

笛卡兒認為，心靈（理性）是透過腦內器官「松果體」，對肉體下達命令，肉體則接受感受到的知覺。將心靈與肉體區分開來，探討兩者的關係，在當時是一種劃時代的想法，直到現在心物問題仍廣受討論。

習慣晚起的笛卡兒，死因竟是在北國早起!?

笛卡兒53歲時，應瑞典女王之邀，於冬季前往瑞典授課。由於女王很忙碌，講課時間從早上5點開始。笛卡兒原本是個不到中午不起床的人，再加上北國的冬季相當寒冷，結果他罹患肺炎病了2個月左右，最後就在當地病逝了。

思想的背景

自然科學的發達與宗教戰爭的擴大

這個時代，因數學與自然科學的發展，以及天主教與新教之間的宗教戰爭越演越烈，導致原本統一的基督宗教價值觀開始動搖。「人類能以自己的理性判斷真實與善惡」這股思潮，就是在這種情況下形成。

Baruch de Spinoza

巴魯赫・德・史賓諾沙

1632～1677／荷蘭／歐陸理性論

與笛卡兒同為歐陸理性論（P.254）的代表人物。試圖透過反覆進行合理的推論，針對神的存在與人類的精神進行論證。

影響他的哲學家

笛卡兒（P.182）

主要著作

《神學政治論》、《倫理學》

神即自然

認為「神」是唯一的「實體」※，其他的存在都是神的「屬性」。世界是神的展現，神就是世界本身。

※存在於自身之中的東西。

泛神論

包括人類在內，世界的一切都是神的展現

史賓諾沙認為，所有物體都是唯一且無限的神之屬性，或是神的屬性所變化而成。也就是說，自然或包含人類在內的世界，一切都以神為原理。

在泛神論中，世界是依從神所思所想而存在。也可以反過來說，世界本身就等於神。在這個「神即自然」的概念中，神不具有宗教性質，但當時的教會將神視為具有人格的存在，因此批評此概念為「無神論」。

?
=

KEYWORD

心物平行論

心靈與肉體都是神的屬性

不同於笛卡兒的心物二元論（P.183），史賓諾沙認為，同為神之屬性（展現）的人類心靈與肉體，是神的2種表現，也是同一的存在。另外，理性的真正作用與幸福，在於認識自己與神之間必然的關聯。

「悲傷就會流下眼淚」、「快樂就會露出笑容」等反應，
是心靈或意志的作用牽動肉體所表現出來的感覺與運動。
這一切都是神的屬性，心靈與肉體是平行存在的。

猶太教與基督宗教都將他視為異端

史賓諾沙的雙親是葡萄牙裔猶太人。雖然他受過猶太教的教育，但後來在笛卡兒哲學的影響下，轉而對教義持批判態度，因而被逐出共同體。此外也因為發表泛神論，而被基督教會視為異端。孤獨的他後來靠著磨製鏡片維生，將人生奉獻給了哲學。

思想的背景

宗教式價值觀衰退，追求新的善惡標準

史賓諾沙誕生於席捲整個歐洲的宗教戰爭時代末期。他出於對時代的敏感性，試圖拋開基於宗教的傳統價值觀，以合理的角度探究善惡的標準。其著作《倫理學》也使用了「公理」、「定理」、「證明」等語詞，彷彿在進行數學證明。

John Locke

約翰・洛克

1632～1704／英國／英國經驗論

主張「人類的認識，全是基於知覺經驗」，確立英國經驗論（P.248）。生於革命時代，亦是著名的政治思想家。

影響他的哲學家

培根※

主要著作

《人類悟性論》、《政府論兩篇》

※法蘭西斯・培根（Francis Bacon）。英國哲學家，經驗論的創始者。

人類的心靈最初就像是一塊白板

洛克認為人類剛出生時心靈是一塊「白板」，知識全靠後天的經驗取得。

白板

人是透過經驗來培養知性的

洛克否定天賦觀念（人類的觀念不靠經驗取得），將人類剛出生時的心靈比喻為一塊「白板」。直接否定將理性視為天賦觀念的歐陸理性論（P.254）。

理性論認為人類天生具備理性，洛克則認為，人類只能透過累積經驗與內省獲得觀念（知性）。此外，他也嘗試查明人類可透過經驗知曉的知識範圍。

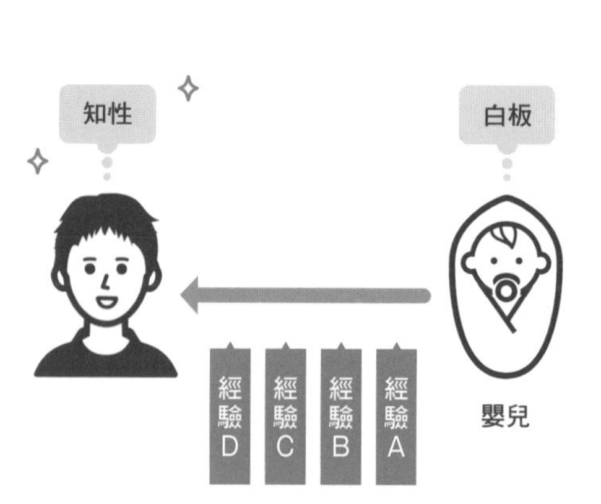

單純觀念與複合觀念

單純觀念的累積即為複合觀念

洛克根據「觀念是由經驗構成」這項前提，將觀念分為「單純觀念」與「複合觀念」兩大類。他認為人類的觀念，是由單純觀念結合而成。

紅色

圓形

酸酸甜甜

脆口

複合觀念

思考或組合接收到的單純觀念後，形成更為複雜的觀念。

單純觀念

五感接收到的印象或資訊。包含與他人認知一致的觀念，例如大小與外形，以及因人而異的觀念，例如顏色與聲音。

美國獨立宣言的思想根據

洛克也根據社會契約說（P.247），主張統治的正當性。他認為每個人都是自由且平等的，而且擁有執法的權利，此外若要經營一個國家，則須實行司法、立法、行政「三權分立」。後來，這個思想成了美國獨立宣言的根據。

思想的背景

見過許多嬰兒後，對天賦觀念抱持疑問

洛克當上醫生後見過許多嬰兒，於是對「人類天生具備理性」這種理性論的看法抱持疑問。此外，他拋開心靈的本質等抽象概念，認為只有知覺經驗能賦予人類知性，並嘗試查明認識的原理。

Thomas Hobbes

湯瑪斯・霍布斯

1588～1679／英國／社會契約說

哲學家暨政治思想家。主張人類是會使彼此不安的存在，若要避免爭鬥，必須締結契約建立公權力。

影響他的哲學家

笛卡兒（P.182）

主要著作

《利維坦》

利維坦

《利維坦※》是主要著作的書名。霍布斯主張若要避免爭鬥，就該締結契約建立國家。

※舊約聖經中出現的海怪。

KEYWORD

萬人對萬人的鬥爭

在自然狀態下，人類總是處於你爭我奪的狀態

霍布斯認為，在自然狀態※下，人們將陷入你爭我奪的戰爭狀態。人類對於自己的存在感到不安，因為想消除這股不安，才會想要超越周遭的人。最後必然會造成對立。

※國家成立前的狀態。

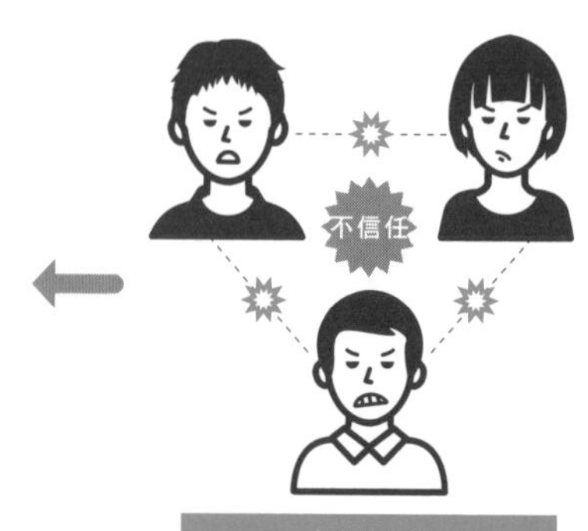

如何擁有和平的生活？

在自然狀態下，人類互不信任，不斷爭鬥。若想獲得和平的生活，全體公民就必須締結契約（銜接社會契約說的概念）。

KEYWORD

社會契約說

由絕對權力者監督社會，使民眾遵守規則

霍布斯的社會契約說認為，如果沒有令社會全體成員畏懼的絕對權力，戰爭狀態就不會結束。因此，公民必須在互相同意的前提下，建立公共的權力。

只要每個人將權利讓渡給自己設立的公權力，由公權力監督大家不侵害彼此的權利，就能消弭紛爭。

雖然否定君權神授說是很前衛的想法……

17世紀的歐洲正值君主專制時代。君主提倡「君權神授說」※，將統治正當化。社會契約說則主張，權力並非來自於神，而是來自於公民，從這點來看是非常前衛的想法。不過，這個思想肯定強大的權力，因此君主專制本身並未遭到否定。

思想的背景

正值公民革命的混亂時代

霍布斯50幾歲時，英國爆發了清教徒革命。他是第一位將神的存在排除在國家之外，提出基於公民共識的「公民國家」概念之人物。他認為國家是由人類建立的，並構思任何人都會覺得正當的國家型態，最後寫了《利維坦》這本書。

※認為君王的權力是神授予的，只有神能約束君王。

Jean-Jacques **Rousseau**

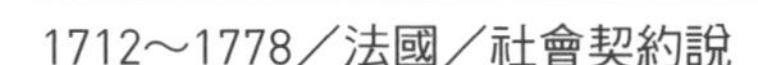

尚雅克・盧梭

1712～1778／法國／社會契約說

擁有啟蒙思想家、哲學家、作曲家、詩人等各種身分。主張人們應透過社會契約，將社會重新建構成一個新的共同體。

主要著作

《論人類不平等的起源與基礎》、《社會契約論》、《愛彌兒》

回歸自然

在自然狀態下，人類是善良且自由的，但不平等的社會卻使人不幸。因此有必要再次重返人類的起點。

KEYWORD

自然狀態

人類原本過著和平的生活

盧梭認為，人類原本是自由、平等、獨立的存在（自然狀態），但擁有私有財產卻會造成貧富差距擴大，因而出現不平等與戰爭。人類可透過契約，建立解決這個狀態的制度。

自然狀態

＼ 人人平等！ ／

彼此的不安
互相衝突，
不斷引發鬥爭

盧梭的見解

雖然無法回到自然狀態，但可透過社會契約設立自由的權利，以避免發生爭鬥。

霍布斯（P.188）的見解

每個人因為互相感到不安，為了使自己的人生占得優勢，必然會陷入競爭（戰爭）狀態。

普遍意志

同時尊重公共的利益與個人的利益

近代社會無法回到自然狀態，若要實現自由的社會，必須以同等尊重個人與全體利益的「普遍意志」為原則設立國家。

特定團體的利益　個人的利益

特殊意志

個人或組織只謀求各自利益的意志。追求私利的特殊意志總和則稱為「全體意志」。

共同的利益

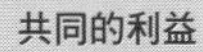

普遍意志

追求公共普遍利益的人民意志。如果國家的運作反映了普遍意志，就會被視為正當的國家。

教育小說《愛彌兒》大為暢銷，連康德也看到入迷

盧梭著有《愛彌兒》這本小說，他在書中論述尊重孩子個性的教育理念。這可算是第一本談到孩童權利的書籍。康德（P.194）也在《愛彌兒》的刺激下，探求人類的可能性。另外，兒歌「銅鈴響叮叮（捉迷藏）」的原曲是盧梭所作，真可說是一位多才多藝的人物。

思想的背景

盧梭的思想在公民之間流傳，成為法國大革命的原動力

盧梭生於法國的君主專制時代，當時因為有君權神授說※等觀念，大家普遍認為「人生而不平等」。盧梭則提倡以社會契約來消除這個不平等，日後成了支持法國大革命的思想根據之一。

※認為君王的權力是神授予的，只有神能約束君王。

Adam Smith

亞當・史密斯

1723～1790／英國／資本主義

經濟學家暨哲學家。主要著作《國富論》，是為經濟學建立學問體系的開山之作。史密斯在英國是常見姓氏，因此一般都以全名稱呼。

主要著作

《國富論》、《道德感情論》

（神的）看不見的手

在市場經濟上，持續進行追求個人利益的經濟活動（分工），能為整個社會帶來利益（財富）。

KEYWORD

（神的）

看不見的手

經濟活動只要交由供需關係來決定，財富便能得到最適當的分配

亞當・史密斯認為，市場經濟具有自動調節功能（看不見的手），只要根據市場機制進行經濟活動，整個社會的財富就能得到最適當的分配。因此，他批評國家奉行的重商主義※。

※國家只重視出口，干涉貿易，自由的經濟活動受到限制。

即便是高價商品，只要賣家的競爭對手降價，買得起的人就會增加。儘管降價是出於利己私心，但社會的幸福度卻會自然提升。

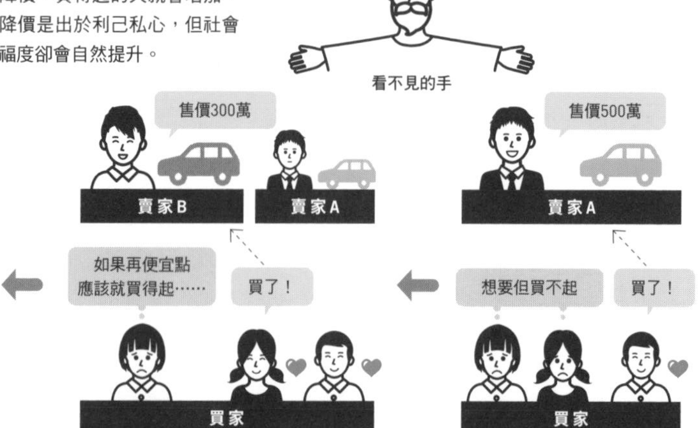

KEYWORD

自由放任主義

只要國家別不當介入市場，便能增加社會的財富

國家不要管控或干預經濟，放任個人自由競爭的話，能為社會帶來繁榮。國家的功能，應該是整備維持健全的市場經濟所需的基礎設施（例如：國防、福利、國民教育）。

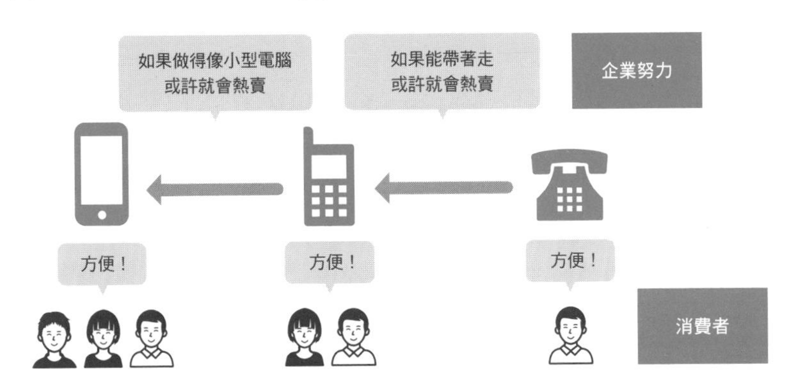

亞當・史密斯認為，需求與供給這種自由的流通關係，是增加社會財富的條件。此外，他還構思了符合人們各種需求的制度。

「何謂富裕的生活？」批判保護主義的貿易政策

當時的國家政策採取的是，透過出口賺錢累積財富的重商主義，為了增加流入的錢財，實施提高關稅之類的貿易限制。反觀亞當・史密斯則主張，讓錢財自由流通，最終能夠增加每個人的財富。

思想的背景

英國發生工業革命，資本主義社會隨之發展

18世紀，英國因蒸汽機的發明與紡紗機的改良等緣故，展開了工業革命。亞當・史密斯認為，只要提升生產力大量生產商品，並且擴大市場，就能提升英國整體的經濟力，使財富遍及整個國家。

Immanuel Kant

伊曼努爾・康德

1724～1804／德國／德國觀念論

消弭歐陸理性論（P.254）與英國經驗論（P.248）的對立，為認識論開闢了一條新道路。藉著合稱「三大批判」的著作，發展批判哲學。

影響他的哲學家

笛卡兒（P.182）

主要著作

《純粹理性批判》、《實踐理性批判》、《判斷力批判》

人類的認識由與生俱來的能力所構成

人類是受到現象※背後的「物自身」刺激才形成認識。認識的結構是普遍的，因此能形成客觀的認識。

※視覺或聽覺等感官接收到的資訊。

物自身與現象

人類無法認識「物自身」，但能客觀認識現象

康德認為，認識結構的普遍性是客觀認識的條件。人類無法直接認識物自身（現象的因素），但認識結構是共通的，因此成了客觀認識的條件。

感性
接收資料的能力
悟性
統合資料（概念化）的能力
理性
從原理角度思考的能力

客觀認識

現象

主觀

刺激

對象（物自身）

人類天生擁有「感性」、「悟性」、「理性」這種認識結構。
因此，雖然人無法認識「物自身」，卻能夠客觀認識現象。

KEYWORD

哥白尼革命

並非先有物，人才形成認識，而是因為形成認識，物才存在

康德以這句話來表現自己的認識論特徵。他推翻「認識依附著對象」這個舊看法，主張對象的認識是由主觀具備的能力所形成，並以哥白尼提出地動說推翻天動說的情況來比喻。

傳統的認識論

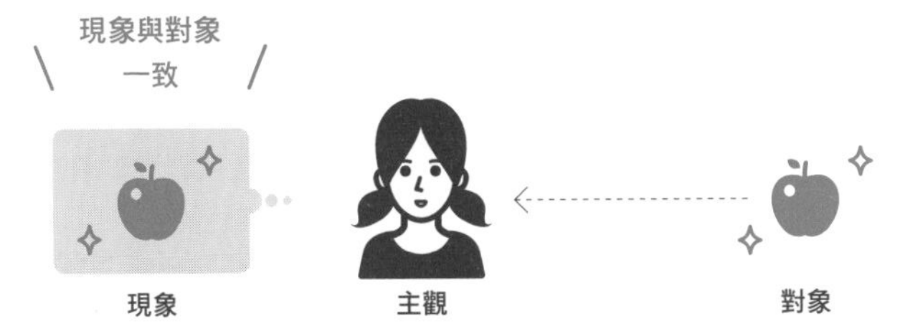

傳統的認識論主張，是因為主觀接受了已存在的對象才形成認識，
康德則推翻這種看法，主張是主觀讓對象的認識得以成立。

終生未婚，也不喜歡一個人用餐

康德一直過著晚上10點睡覺，早上5點起床的規律生活，也很享受在固定的時間跟朋友用餐。他曾在著作中提到，獨自用餐對哲學家的健康是有害的。另外，康德認為酒應該要細細品味，他也很討厭喝得爛醉的人。

思想的背景

統合歐陸理性論與英國經驗論的看法

「經驗論」以感覺經驗為原理，「理性論」則以清晰的理性推論為原理。康德認為，感覺經驗是空間上、時間上的觀念，必須透過理性推論才能認識。另外，他認為經驗與理性都是不可或缺的，因此將這2種哲學統合起來。

Georg Wilhelm Friedrich **Hegel**

格奧爾格．威廉．弗里德里希．黑格爾

1770～1831／德國／德國觀念論

始於笛卡兒、霍布斯的近代哲學，以及德國觀念論的集大成者。主張「自由」為人類自我中的欲望本質。

影響他的哲學家

柏拉圖（P.178）、康德（P.194）

主要著作

《精神現象學》、《法哲學原理》

凡理性的都是現實的，凡現實的都是理性的

黑格爾認為，理性的事物全是依據現實來實現，現實的事物全是理性的表現。

KEYWORD

倫理

「自由」與「善」並立的狀態

社會性的「善」的條件，是確信善惡的標準只會從自己與他人的關係中產生。「自由」的精神起初停留在意識裡，之後才在關係當中逐漸實現。「倫理（Sittlichkeit）」即是指這種自由的實現狀態。

每個人的主觀道德，會在實現「自由」的過程中，逐漸轉換成理想的共同體（倫理）。在倫理中，人們能獲得完全的自由。黑格爾主張，應透過財富的重新分配與國民教育，消除個人之間不合理的差距。

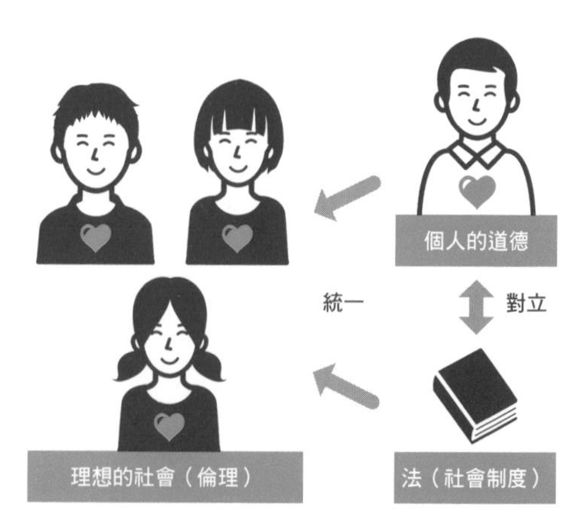

國家

消弭家庭與公民社會的對立

黑格爾提出的「倫理」的理想形式。也就是將無法維持個人獨立的「家庭」，與保障個人的「自由」，但欲望會互相碰撞的「公民社會」統合起來。黑格爾認為，這是最高的「自由」實現階段。

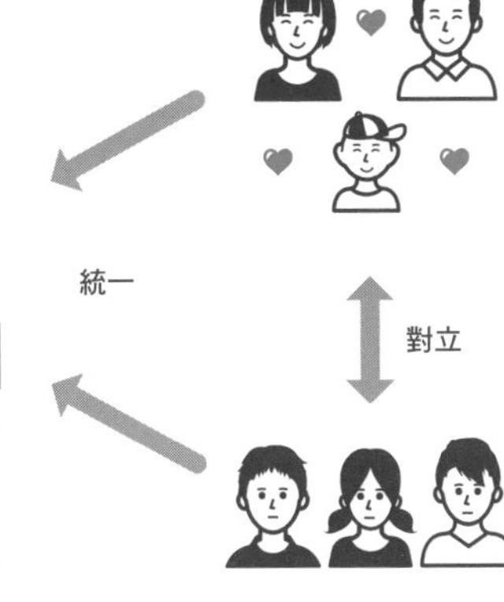

家庭

因愛情而結合的共同體。個人為家庭的一員，不具有人格的獨立性。

公民社會

由自由且平等的個人集結而成，為了滿足各自的欲望而進行經濟活動。又稱為「欲望體系」。

國家

統合「家庭」的共同性與「公民社會」的獨立性而成的共同體。「倫理」的完成形態。

「米娜瓦的貓頭鷹於黃昏到來時飛起」

這句話出自黑格爾的著作《法哲學原理》的序文。自古以來貓頭鷹被視為智慧女神米娜瓦（Minerva）的化身，牠是夜行性動物，只會在黃昏到來後才飛起。同樣的，哲學是一門反映時代性的學問，除非歷史劃下句點，否則人類是無法掌握到事物的真實面貌。

思想的背景

黑格爾哲學的原理為「自由」與「相互承認」

黑格爾認為，互相尊重及認同每個人的人格（相互承認），乃自由的第一步。為此需要的是「教養」。教養能夠教導人們，由於價值觀不同，共同體裡存在著各式各樣的「善」。主觀的欲望，只要透過教養琢磨，就有可能在社會上被承認是「自由」。

Arthur Schopenhauer

阿圖爾・叔本華

1788～1860／德國／生命哲學

「悲觀主義」的代表哲學家。深受康德的思想影響，建構出與印度佛教思想相通的獨特厭世觀。

影響他的哲學家

柏拉圖（P.178）、康德（P.194）

主要著作

《作為意志和表象的世界》

世界是由盲目的求生意志所構成

叔本華認為引導世界的是，人類想要生存下去的盲目意志。這種盲目的意志會不斷製造紛爭與欲望。

悲觀主義

根基在於「盲目的意志」

黑格爾（P.196）主張，歷史的變遷乃進步的一環，呈現了人類獲得自由的過程。不過叔本華卻認為，除非人類不再被盲目的意志操縱，否則痛苦不會消失，歷史也只是單純的變化，不具有意義。

對於生存的盲目意志

＝

想過好日子

想要錢

想吃美食

想跟異性交往

自己最重要！

動物與植物都會本能性地基於「想要活下去」的盲目意志，為了生存而不斷鬥爭。同樣的，人類也會為了實現自我保存的欲望而行動。只要實現了欲望就能滿足，但之後又會出現新的欲望，因而陷入無止境的痛苦。

藝術

可暫時逃離生存痛苦的方法

叔本華認為，只要熱中於文學、音樂等藝術，就能暫時逃離生存的痛苦。另外，只有達到「意志的否定」，也就是「無我」，即佛教的涅槃境界，才能完全從這個痛苦中解脫。

人類要如何從苦惱中解脫？

同情

想要理解對方。這種心情亦可視為純粹的愛。

佛教

以理性的力量克服意志（欲望）。從源源不絕的欲望中解脫，獲得心靈的安寧。

藝術

繪畫與音樂等出色的藝術作品，呈現了世界的本質（亦可稱為本原、物自身）。

對黑格爾哲學的熱潮感到厭煩，於是辭職離開大學

當時是黑格爾的全盛期，甚至還形成了黑格爾學派。這個時期叔本華也在柏林大學當講師，而他跟黑格爾都在同一個時段開課，沒想到只有8個人來聽他的課。自尊心受損的他，半年後就離開了大學。

思想的背景

以康德的思想為出發點的獨特厭世觀

叔本華自認是康德的後繼者。他認為人所認識的表象世界，其根基在於「盲目的意志」，而這相當於康德的「物自身」。叔本華生前並未獲得關注，直到19世紀末才重新受到矚目，帶給尼采（P.208）及音樂家華格納頗大的影響。

Jeremy Bentham

傑瑞米．邊沁

1748～1832／英國／效益主義

以自創的算式計算人的快樂（幸福度），將總分較高者定義為幸福的社會。此外也參與了議會改革之類的政治運動。

主要著作

《道德與立法原理導論》

最大多數人的最大幸福

不管身分地位，計算每個人的幸福度，看看是否實現萬人的幸福（效益），是判斷統治與法律正當性的標準。

KEYWORD

效益主義

把帶來快樂（幸福）的事視為「善」

邊沁將快樂與幸福劃上等號。此外，他將帶給人類快樂的行為定義為「善」，帶來痛苦的行為定義為「惡」，以行為的結果是快樂還是痛苦，作為善惡的判斷標準。

邊沁認為，只有在可促進全體利害關係者幸福的情況下，才能將某個行為視為正確。不光是個人的事物，國家、國民之間的關係也適用，判斷政策是否正確的標準，在於政策有無促進全體國民幸福。

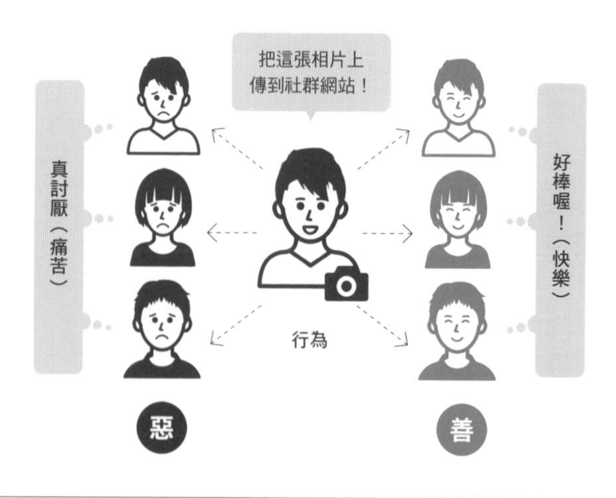

KEYWORD

最大多數人的最大幸福

幸福度高的社會，其幸福的平均分數也很高

唯有實現最大多數個人的幸福，這樣的統治才是正確的。邊沁為了判斷統治的正當性，設計出根據獨特的標準計算快樂的方法。

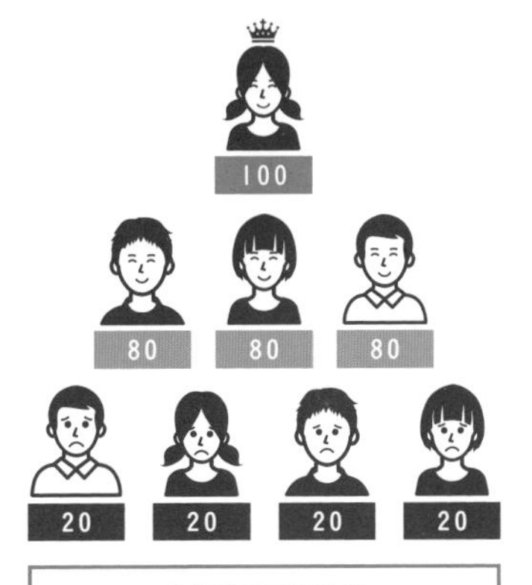

幸福度高的社會

好的社會雖然沒有幸福度特別高的人，但整體保持著穩定的水準。

幸福度低的社會

一部分的人幸福度很高，但其他人大多偏低。不能算是好的社會。

擁有律師資格，但比起實務更關注社會改革

邊沁擁有律師資格，但他並未進入法律界，而是透過著作向社會提出各種建議。他對政治與法律的改革充滿熱情，曾向政府提出自己擬定的新型監獄「全景敞視監獄（P.231）」建設計畫。邊沁依據效益主義思想，將監獄視為矯正囚犯的設施。

思想的背景

對於權力被部分人士獨占的社會抱持疑問

邊沁認為，應將政府的作用最小化。政府應把心力投注在維持治安等基礎設施的整備上，至於具體的幸福則該交由個人去追求。這種不發動革命，而是以法律制度來改變國家的思想，在日後促成了以人人平等為目標的普通選舉制度。

John Stuart **Mill**

約翰·斯圖亞特·彌爾

1806～1873／英國／效益主義

發展邊沁開創的效益主義哲學。提倡「重質的效益主義」，重視精神上的快樂（幸福），焦點放在幸福的「質」上。

影響他的哲學家

邊沁（P.200）

主要著作

《論自由》、《效益主義》

寧做不滿的人類，不做滿足的豬玀

彌爾的目標，並非成為滿足於低品質幸福的人，而是藉由培育知性與道德觀的教育，提高精神上的滿足度。

KEYWORD

重質的效益主義

提高精神上的滿足度，藉此提升幸福度

邊沁的效益主義認為，快樂是可以計算的。彌爾則進一步發展他的思想，探究每個人都能追求幸福的理想社會。

被人需要而感到幸福

滿足了求知慾感到幸福

滿足了食慾感到幸福

彌爾想透過教育與法律制度，創造一個保障人們謀求高品質幸福之權利的社會。

傷害原則

只要不危害他人，任何人都有權利獲得幸福

彌爾將所有人都自由享受幸福的狀態，稱為「最大幸福狀態」。至於傷害原則是指，只有在他人的行為違反最大幸福狀態的理念時，才可以干預這個人的自由。

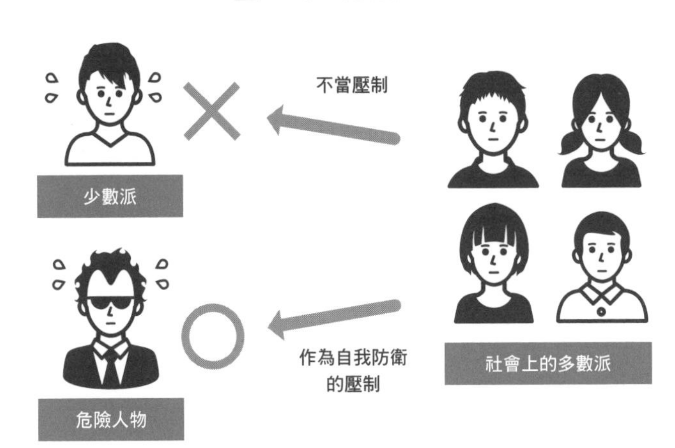

多數派干預少數派的自由，這種行為算是不當壓制。不過，假如是某個人物或組織對周遭造成危害，就能夠限制這個人或組織的自由。

很早就從效益主義的角度提倡普通選舉

眾所周知，彌爾也是一位以自由派政治家的身分，提倡女性參政權的人物。他認為每個人都有追求幸福的權利，只要平等尊重多數派與少數派的意見，就能實現所有人的幸福。出身與性別等方面的歧視是不當行為。

思想的背景

父親是邊沁效益主義信徒，對他實施英才教育

彌爾的父親詹姆斯是經濟學家及效益主義者，他對兒子實施了嚴格的教育。彌爾10幾歲就成為滿懷理想的年輕哲學家，忙碌地活動。不過，20歲時他突然面臨「精神的危機」，發覺自己被父親單方面的教育所束縛，之後逐漸發展出自己的思想，對效益主義做出新解釋。

Karl Heinrich **Marx**

卡爾·海因里希·馬克思

1818～1883／德國／馬克思主義

從理論面與實踐面大力發展社會主義。在朋友恩格斯的幫助下，致力於普及社會主義的概念，以及解放無產階級。

影響他的哲學家

黑格爾（P.196）

主要著作

《資本論》

全世界的工人，團結起來吧！

馬克思主義的目標為廢止國家，以及實現共產主義社會。若要達成這個目標，民眾必須團結起來發起革命。

KEYWORD

資產階級與無產階級

資本主義社會將使勞動者失去工作意願

在資本主義社會中，資本家擁有土地與工廠等生產手段，勞動者則受到他們的支配。即便資本家獲得利益擴大生產力，資本家之間也會互相競爭，因此這些財富不會重新分配給勞動者，貧富差距也不會縮小。

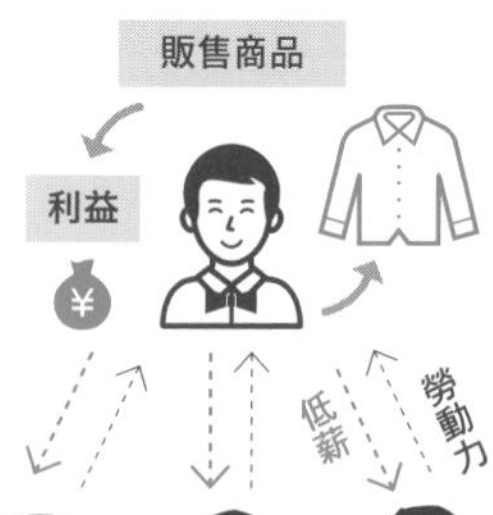

差距持續擴大的資本主義社會，終究避免不了階級鬥爭。

生產關係

從事生產者之間的社會關係

指生產過程中，人與人之間建立的社會關係。例如封建社會的領主與佃農、資本主義社會的資本家與勞動者等這樣的關係。馬克思認為，資本主義不過是歷史上的一個階段，遲早會轉變為新的生產關係（社會主義）。

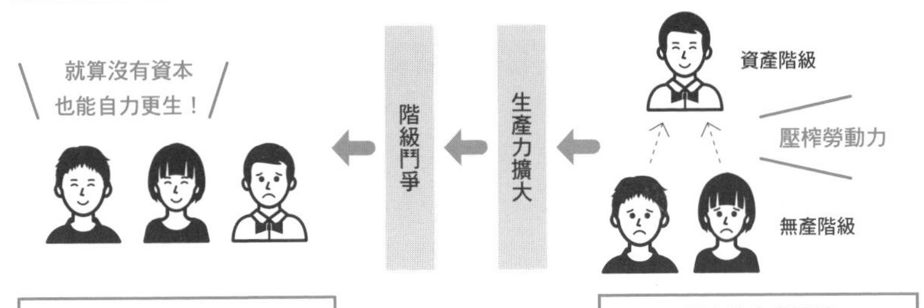

馬克思主張，從歷史角度來看，生產關係是按照原始共同體→奴隸制度→封建制度→資本主義→社會主義的順序發展的。當生產力因技術革新而增大後，被支配者階級的地位便會提升，繼而引發階級鬥爭，邁入新生產關係的時代。

獲得恩格斯支援的浪費鬼馬克思

經濟學家暨社會主義者──弗里德里希・恩格斯，出生在富裕的實業家家庭，25歲時認識了馬克思。他不僅透過著作努力推廣馬克思的思想，更終生資助馬克思生活開銷。因此，馬克思得以過著非常奢侈的生活，但也因為愛浪費的毛病而老是借錢。

思想的背景

察覺到資本主義社會的僵局

19世紀，資本主義隨著工業革命的推進而在歐洲急速發展，工廠裡的工人被迫領低薪並且長時間勞動。這種情形後來演變成資本家（經營者）與勞動者的階級鬥爭，整個歐洲發生了多起民眾暴動事件。馬克思與恩格斯（Friedrich Engels）也在這個時期提出「共產黨宣言」，主張以革命改變社會。

Søren Aabye Kierkegaard

索倫・奧貝・齊克果

1813～1855／丹麥／存在哲學

被譽為「存在哲學」之祖。此前的哲學家都在探求普遍的真理，他是第一位探尋「對我為真的真理」的哲學家。

主要著作

《致死之病》、《非此即彼》

對我為真的真理

出自齊克果的手記。下一句是「我必須找出，自己能夠為此而死的真理」。

KEYWORD

非此即彼

靠辯證法（P.61）是找不到的、只屬於自己的真理之存在

齊克果在著作《非此即彼》中，讓2名角色持相異且對立的意見，迫使讀者從中做出選擇。他想追尋探究的，並非「亦此亦彼」這種普遍的真理，而是只屬於自己的真理。

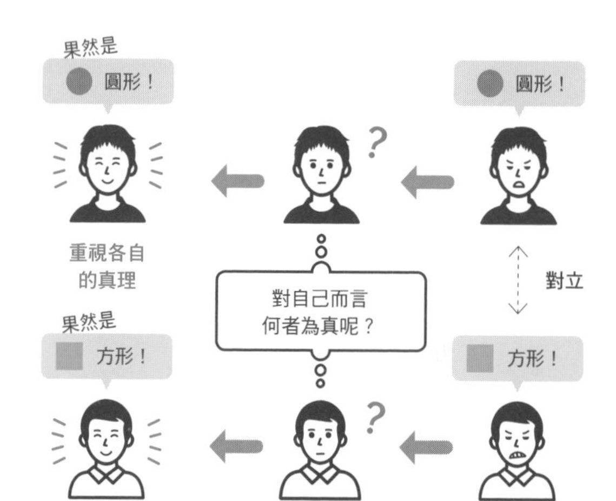

齊克果對於以黑格爾（P.196）提倡的辯證法為代表的普遍真理之探究，持反對的意見。大家都肯定的真理，有時會打壓少數派的意見。他認為各自重視對自己為真的真理反而更重要。

例外者

超越社會的常識，肯定自己的存在

齊克果想採取的生活方式，是成為不採納既有的價值觀，只為屬於自己的真理而活的「例外者」。對他而言，這個存在也等於是站立在神面前的「單獨者」。

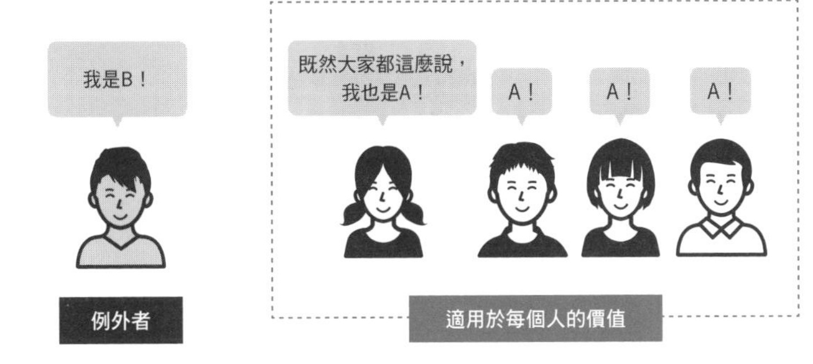

即使遭多數派排擠而感到不安或絕望，
遵循個人的主體真理而活才是最重要的。

身陷孤獨，最後在路上突然昏倒而死

齊克果的思想在當時不被世人接受，報紙更是不斷刊登中傷他的報導。雖然他並未屈服，繼續對社會提出嚴格的批判，不幸的是42歲時他在路上突然昏倒，就此撒手人寰。直到進入20世紀後，他的思想才被海德格（P.218）等人發掘出來，受到世人矚目。

思想的背景

為父親的暴力與偏執的教育而苦惱的青春

齊克果的父親是丹麥的毛織物富商，母親則是從女傭變成繼室，父親對他實施嚴格的基督宗教教育。由於自己是父親對母親性暴力才有的產物，從小他就為此苦惱不已。在大學學習神學與哲學後，22歲那年他萌發了存在的思想。

Friedrich Wilhelm **Nietzsche**

弗里德里希・威廉・尼采

1844～1900／德國／生命哲學

受到叔本華等人的影響而踏上哲學之道，批判基督宗教與道德。是一位在生存的苦惱中尋求「強大」的異端哲學家。

影響他的哲學家

叔本華（P.198）

主要著作

《查拉圖斯特拉如是說》、《權力意志》

上帝已死

指隨著近代科學的發展，人們不再單純地相信上帝的存在，找不到生存意義的狀態。

KEYWORD

虛無主義

既有的價值觀全都蕩然無存的時代

否定既有的價值、秩序、權威的絕對根據之立場。尼采看出，以基督宗教道德為基礎的社會，必然會走向虛無主義，並認為必須從根本轉換既有的價值標準。

應該孝順父母嗎？

神真的存在嗎？

學歷有意義嗎？

既然神沒在看，做壞事也沒關係？

虛無主義的時代

普遍的價值觀瓦解。每個人都需要重新創造合乎倫理的生活方式。

要孝順父母

神是絕對的存在

要就讀好大學

做好事神都看在眼裡

近代以前的社會

依循屹立不搖的價值觀而活的世界。表面看起來很平穩，但人們的內心都受到壓抑。

權力意志

想要克服困難的求生衝動

指遇到困難或問題時，想要克服它們的意志。這是一股想要活得「更強」的衝動，尼采認為，這是包含人類在內所有生物的存在根基。

人會依據欲望
來解釋事物的價值

人類總是依據「權力意志」來解釋價值。時時檢視「權力意志」，是重新建立自己的價值標準所不可或缺的條件。

曾經崇敬華格納，後來卻與他絕裂

華格納的音樂深受叔本華與古希臘神話的影響，尼采對他的作品十分著迷，還曾發表論文（《悲劇的誕生》）大力讚揚他。由於內容頗為極端，身為大學教授的尼采風評因而一落千丈。不過，後來尼采也跟華格納絕裂了，使得他更形孤獨。

思想的背景

基督宗教逐漸失去影響力，難以掌握生命的希望

尼采在著作《查拉圖斯特拉如是說》中，請查拉圖斯特拉為他代言，由此可見基督宗教的神逐漸失去影響力，善惡的觀念已開始動搖。人們迷失了世界的意義與目的，已無法坦率相信善惡的標準。

William James

威廉・詹姆斯

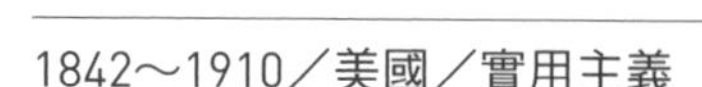

1842～1910／美國／實用主義

心理學家暨哲學家。發展、確立朋友皮爾士提倡的「實用主義」思想，影響了現代的美國哲學。

影響他的哲學家

皮爾士※

主要著作

《心理學原理》、《實用主義》

※查爾斯・桑德斯・皮爾士（Charles Sanders Peirce）。美國哲學家、邏輯學家，實用主義的創始者。

實用主義

這是一種從結果來判斷事物真理的思想。若這個知識能使人類的生活變得更好就是正確的，若不能就是不正確的。

KEYWORD

實用主義
（工具主義真理觀）

最重要的是實際上是否有用

對實用主義而言，真理的標準在於這個知識是否有用。換言之，真理絕非一個普遍的事物，而是視狀況或目的而定。

迷信

穿上紅襪後有了好結果

咒語

能夠冷靜下來參加考試

信仰

透過祈禱治好疾病

這個觀念是否「有用」為真理的標準

以信仰為例，即便這不是每個人都能接受的事物，只要當事人認為它對生活有幫助，這就是一個真理。不過，詹姆斯曾表示，超常現象「並無足以讓質疑的人都相信的根據」。

KEYWORD

不是因為悲傷才哭泣，而是因為哭泣才悲傷

身體的反應會影響情緒

這是詹姆斯以心理學家的立場提倡的學說。他主張人類的情感也是由結果導引出來的。情緒即是體驗身體在感知到情緒原因後所引發出來的變化。

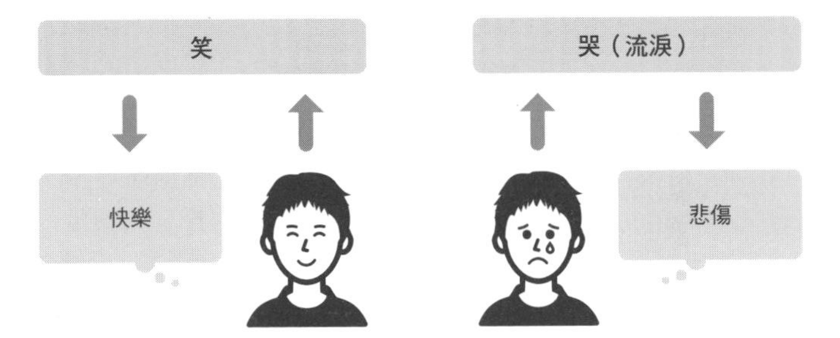

詹姆斯認為，悲傷與快樂之類的情緒，是先發生神經興奮，然後才體驗隨之而來的身體變化。也就是說，要先「哭泣」才能體驗到悲傷。

生長在自由的家庭，上大學以前都不曾受過學校教育

詹姆斯出生於紐約，幼年時期卻是在歐洲各地度過。身為宗教家的父親很討厭制式教育，因此並未讓兒子接受正規的學校教育。詹姆斯在19歲那年進入哈佛大學，學習醫學。後來轉而攻讀心理學，對實驗心理學也有重大的貢獻。

思想的背景

試圖解決南北戰爭的意識形態對立

一般人通常以為，南北戰爭起因於南北為了奴隸制度而產生的利害對立，不過也有看法認為，這是意識形態（P.251）對立所引發的戰爭。實用主義便是想藉著樹立新的真理標準，來解決意識形態對立。

Sigmund Freud

西格蒙德．佛洛伊德

1856～1939／奧地利／精神分析學

精神分析學的創始者。奠定心理治療的基礎，並於過程中發現「潛意識」。對於將「理性」視為絕對的哲學領域造成很大的衝擊。

主要著作

《精神分析引論》、《自我與本我》、《夢的解析》

人類的行動是由潛意識掌控

佛洛伊德認為人類的心靈是由「本我」、「超我」、「自我」這3個領域構成，掌控心靈的則是潛意識。

潛意識

人類的行動取決於潛意識

此前都認為，人類的意識或行動可用理性來控制。但是，佛洛伊德卻主張，人類大部分的行動是由潛意識決定，不受理性影響。

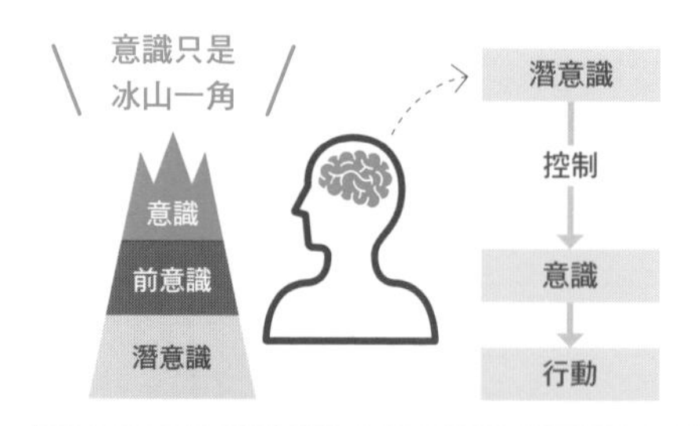

佛洛伊德的見解

人類的行動原理在於潛意識，就連小時候的經驗、已遺忘的記憶等也會影響意識。

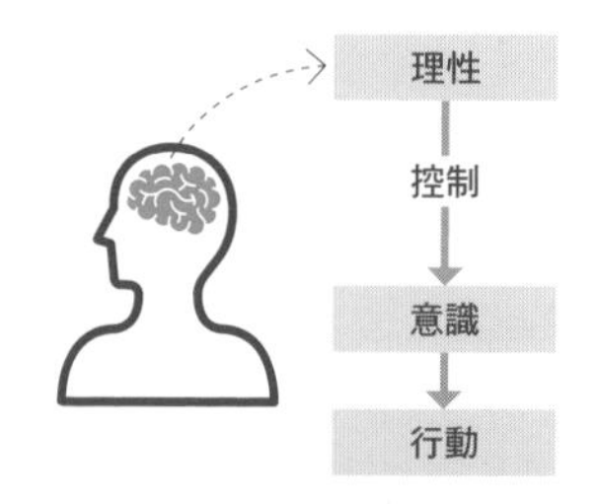

笛卡兒的見解

笛卡兒透過方法論上的懷疑發現自我，並認為是與生俱來的理性在掌控人類。

KEYWORD

本我、自我、超我

人格由三大要素構成

佛洛伊德認為，人類的心靈是由三大領域構成。這三者分別是：「超我」，即後天灌輸的道德觀念；「本我」，即下意識的衝動；以及平衡前兩者的「自我」。

超我

應該認真工作

下意識的道德觀念。小時候接收父母等人的價值觀而形成。

本我

想跟公司請假
閒在家裡

下意識地控制人類、尋求快樂的衝動。

自我

乖乖上班
早點回家吧

根據現實的狀況，控制本我與超我。

分析日常生活中受到壓抑的欲望與夢境的關係

當時，夢被視為沒有意義的現象，但佛洛伊德認為作夢的原因與精神狀態有關，並蒐集許多夢境內容，研究夢的意義與形成夢境的原理。主要著作《夢的解析》即是透過夢來解讀深層心理。佛洛伊德表示，夢是為了滿足平常受到壓抑的願望才形成的。

思想的背景

著迷催眠術的精神科醫師注意到潛意識的存在

佛洛伊德以精神科臨床醫師的身分活動時，採用催眠術來治療患者，讓患者自由陳述浮上心頭的想法，因而注意到病例的背後，存在著非當事人控制的意識（潛意識）。之後便確立了，以潛意識的存在為基礎的精神分析學。

Edmund **Husserl**

艾德蒙德・胡塞爾

1859～1938／德國／現象學

「現象學」之祖。將現象學定位為一門查明認識基礎的學問，即便是有關意義或價值的認識，也試圖找出普遍的根據。

影響他的哲學家

笛卡兒（P.182）

主要著作

《現象學的觀念》

回歸事物本身！

別去假設出現在「我」的意識中的現象（事物）背後，使這個現象為真的「真理」。此為現象學的基本精神。

KEYWORD

現象學

依據意識，摸索學問的基礎

胡塞爾開創的現象學，是一門給各種學問賦予根據的「奠基」學問。胡塞爾認為，只要從出現於人類意識中的事物看出共通的部分（本質），就能導出所有人共通的認識之可能性。

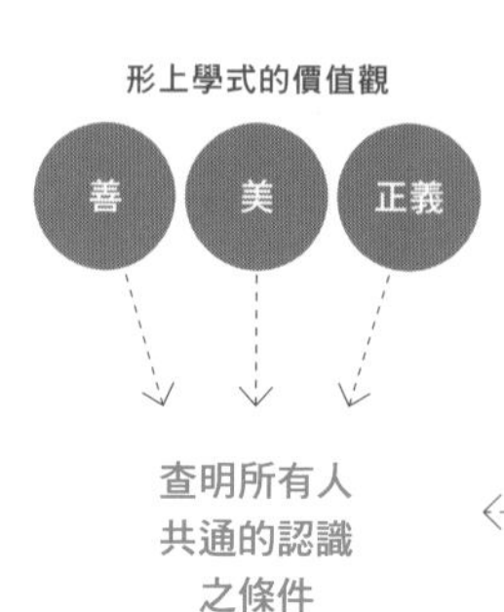

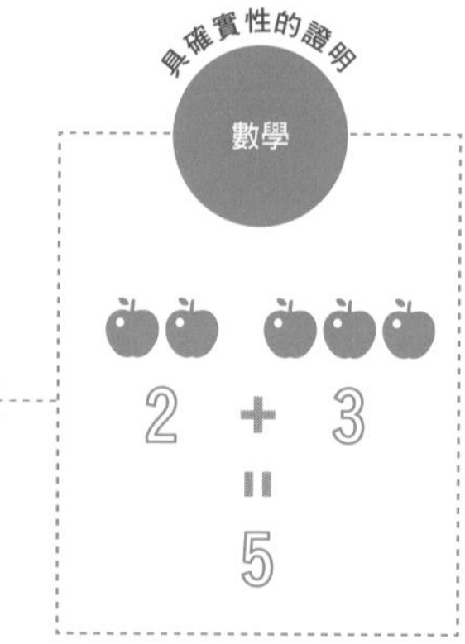

先重新認定，不光是需要科學根據的實證事物，包括正義、善、美等價值觀在內，所有的對象都不會超出自己的確信。接著，藉由探求意識的知覺經驗，來查明普遍認識的條件。

KEYWORD

還原

僅探求接收到的知覺

人類無法脫離自己的意識，沒辦法確定眼前的世界是否為真。因此，對象是「存在的」這項前提先暫時保留（存而不論），然後在意識內重新驗證知覺是如何形成的。

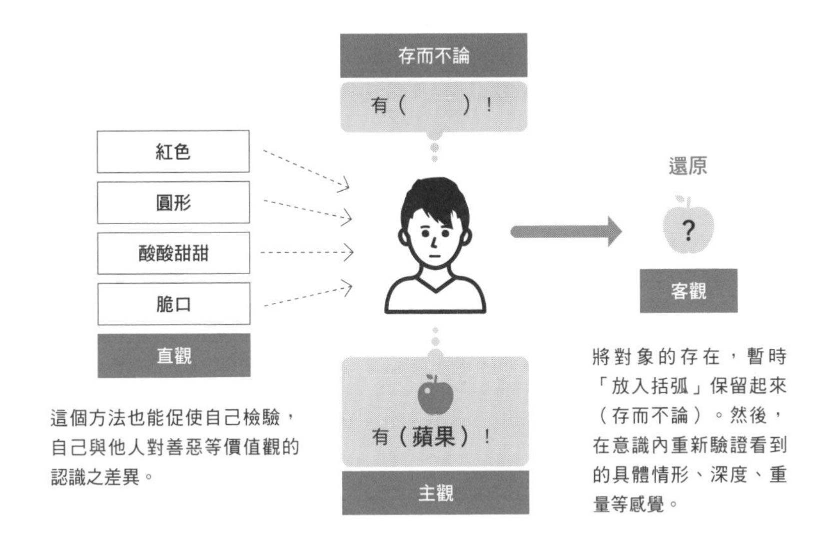

這個方法也能促使自己檢驗，自己與他人對善惡等價值觀的認識之差異。

將對象的存在，暫時「放入括弧」保留起來（存而不論）。然後，在意識內重新驗證看到的具體情形、深度、重量等感覺。

戰時遭受迫害，卻仍留下數量龐大的原稿

胡塞爾是出生在奧地利的猶太裔德國人。希特勒政權成立後，他在德國境內的活動就受到限制，不僅教授資格遭到剝奪，也不得出版著作。不過，胡塞爾每天都窩在書房裡寫作，直到去世為止的5年內，他寫下的手稿多達4萬5000張。

思想的背景

認為意義與價值應該也有普遍性的條件

胡塞爾早期研究數學，後來踏上哲學之道，對於有多少哲學家就有多少哲學真理的狀況感到困惑。他認為應該先給哲學的基礎，訂出普遍認識的原理。而且這個方法，應該要跟數學的定理一樣，是大家都能夠理解的。

Ludwig Wittgenstein

路德維希・維根斯坦

1889～1951／奧地利／分析哲學

分析哲學的代表人物。他的哲學分為2個時期，前期在查明語言與世界的對應關係，後期則分析日常語言。

影響他的哲學家

弗雷格※1、羅素※2

主要著作

《邏輯哲學論》、《哲學研究》

※1 戈特洛布・弗雷格（Gottlob Frege）。德國邏輯學家、哲學家，奠定分析哲學的基礎。
※2 伯特蘭・羅素（Bertrand Russell）。英國數學家、哲學家。原本是一名數學家，後來為分析哲學帶來很大的影響。

凡不可說的，都應保持沉默

維根斯坦主張，語言與世界是直接對應的。過去談論靈魂與神這類不可言說者的哲學，全是錯誤的。

KEYWORD

圖像理論

語言是用來描述世界的

維根斯坦的前期哲學。語言是反映世界的模型，而模型必須正確描述事實才行。反過來說，靈魂與神這類無法驗證的事物，必須排除在語言之外。

不可言說者

例 神是存在的
‖
事實以外的「閒談」

可言說者

花

水

例 蘋果在桌上
‖
描述事實

神、靈魂、世界的真理……哲學所追尋探究的、無法直接驗證的形上學事物，全都只是不具意義的「閒談」。維根斯坦主張「凡不可說的，都應保持沉默」，為原有的哲學打上休止符。

KEYWORD

語言遊戲

語言的意義
會隨狀況改變，無法固定

維根斯坦的後期哲學。認為所有的語言都是生活型態的一部分，人們平常都在進行語言的「遊戲」，依據用法來決定語言的意義。

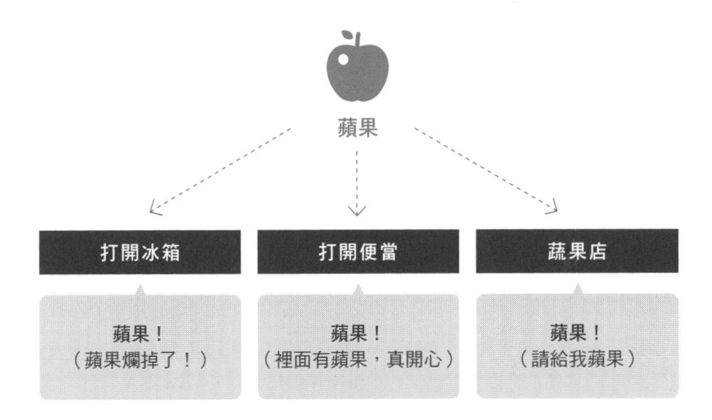

玩家必須知曉相同的規則，遊戲才能成立。
語言也是一樣，如果彼此不了解規則，就無法互相表達意思。

身為建築家的他也很重視正確與完美

維根斯坦曾受姊姊之託設計房屋。那棟保留至今的房屋，到處都存在著對稱性與細微的秩序，門更是格外講究，房屋的一切形成嚴密的相關關係。可說是一棟反映了他的嚴謹與美感的建築。

思想的背景

一度放棄哲學，後來又重返此道，批判與發展自己的理論

寫完前期的主要著作《邏輯哲學論》後，維根斯坦相信「哲學問題全都解決了」，於是在30歲時放棄哲學改當教師與園丁維生。不過10年後，他對自己的哲學有疑問，因而再度進行研究，最後導出「語言遊戲」的概念。給20世紀以後的分析哲學留下深遠的影響。

Martin Heidegger

馬丁・海德格

1889～1976／德國／現象學・存在論

以「存在」為研究主題，從胡塞爾的現象學發展自己的存在論。對日後的存在主義哲學帶來很大的影響。

影響他的哲學家

胡塞爾（P.214）

主要著作

《存有與時間》

死亡乃不可超越的可能性

海德格以研究能開拓可能性、生命有限的人類存在作為起點，來探究存有。

存在
(Existence)

人類是唯一能夠思考自身存在的存在

人類應有的樣子，不僅存在著，也會把自己的存在視為問題來思考。海德格透過分析日常世界裡人類的生存方式，重新研究存在的意義。

人類

何謂與他人的關係？

身而為人是什麼意思？

存在者

只是存在於那裡的東西。與人類的興趣或欲望有關、表現意義的「工具」也包括在內。

此有

對自己的存在感興趣且試圖去了解的存在者。有別於事物的存在型態。

活在「此時、此處」，依據此刻的欲望或興趣（關心）選擇可能性，與各種事物或他人建立關係。

KEYWORD

籌劃

正視對死亡的不安，掌握自己本來的可能性

海德格將死亡定義為人類（此有）的終點，亦即雖然無法體驗，但最後一定會面臨的可能性。籌劃則是指，自覺到人類生命中「死亡」的可能性，朝著原本該過的生活邁進。

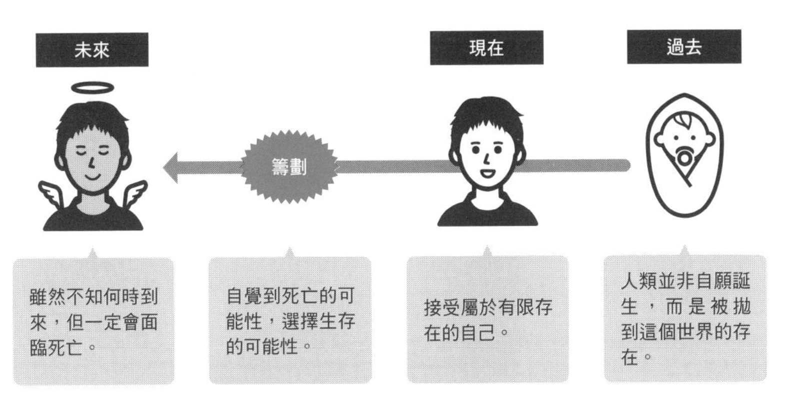

人類是被拋進世界的存在，「住」在平凡日常的可能性當中。
海德格主張，只要正視存在帶來的對死亡的不安，
就能找出自己獨有的、本來的可能性。

戰後一度遭到驅逐，但存在哲學卻掀起極大的熱潮

海德格是納粹黨員，曾公開肯定納粹主義，因此戰後被趕出大學。不過後來，海德格哲學獲得以法國為首的哲學家，例如沙特（P.220）等人的熱烈支持。他的哲學順應時代的氛圍，掀起一股熱潮，他也恢復了社會地位。

思想的背景

以古希臘哲學與文學為基礎的獨特哲學

海德格以古希臘的哲學為基礎，並從現象學中獲得啟發，發展出自己的存在論。或許是因為，他曾是個愛讀尼采、齊克果、詩人賀德林（Friedrich Hölderlin）等人作品的文學青年，其文風嚴肅且艱澀。主要著作《存有與時間》也常有如「此有（Dasein）」這類自創的詞語，是本很難看懂的書。

Jean-Paul **Sartre**

尚保羅・沙特

1905～1980／法國／現象學・存在論

哲學家暨作家。受到海德格的存在哲學影響，推廣存在主義。主張文學家應投入社會參與，自己也積極參加和平運動等活動。

影響他的哲學家

尼采（P.208）、海德格（P.218）

主要著作

《存在與虛無》、小說《嘔吐》

存在
先於本質

人類誕生在這個世界並非出於自己的意志。因此必須自行開拓人生，找出本質。

KEYWORD

存在理由

人類並非天生就擁有存在理由

一如「剪刀」的作用是「剪東西」，物原本就具備存在理由。不過，人類並非天生就擁有存在理由，因此必須自行找出存在的意義。

天生就注定「自由」的人類，必須自由創造自己的人生。不過，自由的判斷與行動也伴隨著責任。沙特認為，個人的行動不只要對個人負責，也要對所有的人類負責，並以「被處以自由之刑」來比喻。

KEYWORD

為己存有
(Being-for-itself)

能夠自由選擇的人類

沙特認為，人類總是於存在的同時，為自己的存在進行「選擇」。為己存有則是指，總是讓自己的存在超越「此刻的」現在，邁向「應有的」未來，這種人類應有的樣子。

我	我　他人	剪刀
‖	‖	‖
不得不追求自身可能性的「我」	想要回應父母的期待等等，在意他人目光的我	剪東西
‖	‖	‖
為己存有	為他存有	在己存有

人類不僅是對自己而言的存在，也是對他人而言的存在。經由他人的目光，限定且客觀地認識到的自身存在，稱為「為他存有（Being-for-others）」。至於存在理由很明確的事物，則稱為「在己存有（Being-in-itself）」。

拒領諾貝爾文學獎、自由的男女關係……貫徹信念的人生

《嘔吐》這本小說在全世界掀起熱潮。1964年沙特獲得諾貝爾文學獎，但他覺得諾貝爾獎有偏政治的傾向，因此拒絕領獎。另外，他與哲學家波娃（Simone de Beauvoir）廝守終身，但兩人都拒絕結婚與生子，始終維持著自由的關係。

思想的背景

以哲學與文學結合政治與社會展開行動的知識分子

第二次世界大戰後，沙特提倡的結合人文主義※的存在主義，以及文學家的社會參與（Engagement），皆受到社會的關注，年輕人更是大力支持。沙特本身則是共產主義的支持者，自己也積極參加反戰運動、和平運動。

※最重視人性，以解放人性為目標的思想。

Emmanuel Lévinas

伊曼紐爾・列維納斯

1906～1995／法國／現象學・存在論

師從胡塞爾與海德格。依據自己的集中營經驗與猶太民族的傳統價值觀，發展獨特的「他者」論。

影響他的哲學家

胡塞爾（P.214）、海德格（P.218）

主要著作

《整體與無限》、《異於存有或在本質之外》

看到面容，就要對他者負責

他者不過是世界裡的異物，人要面對他者的「面容」，才會發現他者是「他者（他者性）」。

KEYWORD

存有（Ilya）

對於包圍著自己、沒有主語的存在所產生的恐懼

第二次世界大戰期間，列維納斯被納粹送進了集中營。戰後呈現在他眼前的是，大多數的家人都被殺死的世界。即使自己失去重要之物，世界依然存在，列維納斯將這個世界所散發的空虛感稱為「存有」。

如果待在家庭之類親密的空間裡，就不會受到存有（空虛）的威脅，但外部依舊存在著存有。列維納斯尋求的解決辦法是看見「面容」。

KEYWORD

面容

看到他者的面容，就要對他者的存在負責

「他者」原本是猶如外國人的存在，但他者的「面容」會越過自己的自我中心世界，訴說他者的存在（他者性）。列維納斯嘗試從中找出他者的存在意義與殺人的不可行性。

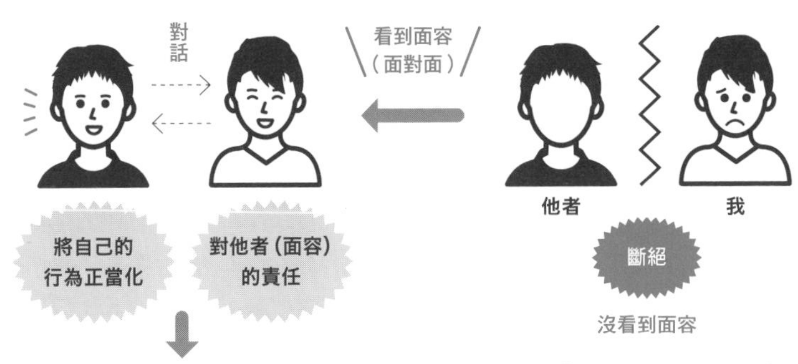

他者的面容訴說著「不可殺人」。這即是人類不可傷害他者的原因。

人類只要看到他者的面容就會打消殺人念頭

對於戰爭期間過於稀鬆平常的殺人行為，列維納斯不斷質問「這是能夠允許的嗎」、「這是可行的嗎」。最後，他從他者的「面容」裡找到一個答案：他者的面容不斷訴說著「不可殺人」這條戒律。換句話說，自己與他者的關係本身即是「倫理」。

思想的背景

絕大多數的家人與朋友都在集中營裡慘遭殺害

列維納斯是猶太人，第二次世界大戰期間他也成了俘虜。儘管後來他與妻子好不容易獲救，但其他家人幾乎都死光了。戰後，他在喪失眾多關係的世界中，感受到無意義且過多的存在，並且感到恐懼。這件事促使他想出了「存有」、「面容」等概念。

Georges Battaille

喬治・巴代伊

1897～1962／法國／情色論

哲學家暨作家。受到黑格爾、尼采等人的影響，在從事圖書館館員工作之餘，樹立自己的思想。日後也影響了德希達與傅柯。

影響他的哲學家

尼采（P.208）

主要著作

《內在經驗》、《被詛咒的部分》、《情色論》

所謂情色，可說是對生命的肯定，至死方休

刻意接近遭人類規範與文化規範禁止的「性」，踰越這個禁忌，便能得到只有人類才會知曉的生存喜悅。

KEYWORD

消盡
(Consumption)

在非生產性活動中尋求生存意義

原始的人類大多把自己的勞動力，耗費在建造石像或神殿等等，這類為精靈或神明奉獻的事情上。巴代伊認為這個行為，與其說是祈禱生產活動能夠順利穩定，不如說是在為耗費而消費（消盡）當中發掘快樂與愉悅。

兩者都具有生存意義，但……

勞動

儲蓄

回報

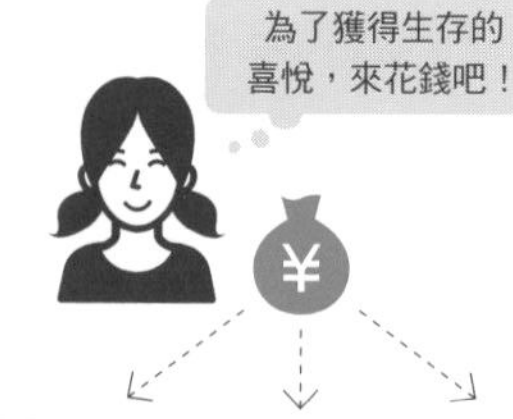

購買未必需要的東西

跟夥伴飲酒

嗜好

現代很重視生產力。
不過，只會生產的人，真的「像個人」嗎？

KEYWORD

過剩

消費財富即是人類的喜悅

巴代伊指出，消費（消盡）才是人類喜悅的本質。從歷史角度來看，屬於「過剩」能量的財富，是為了被消費而存在的。此外，他也批判近代的資本主義社會，只重視生產與獲得財富。

中世紀以前過剩（財富）會遭到消費

近代以後

財富集中在資本家等特定人士身上，不拿出來使用。

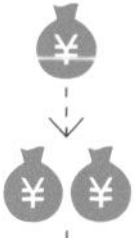

中世紀

剩餘財產用於慈善活動，捐獻給教會。

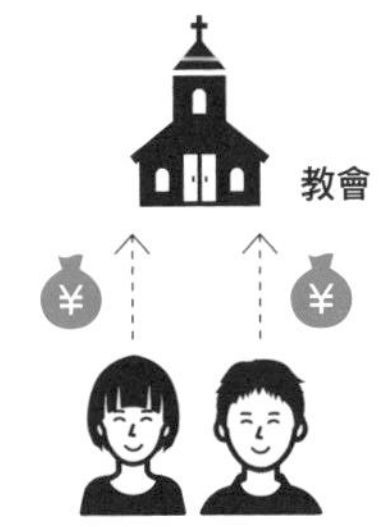

古代

君王（支配者）藉由浪費來回應大眾的心情。

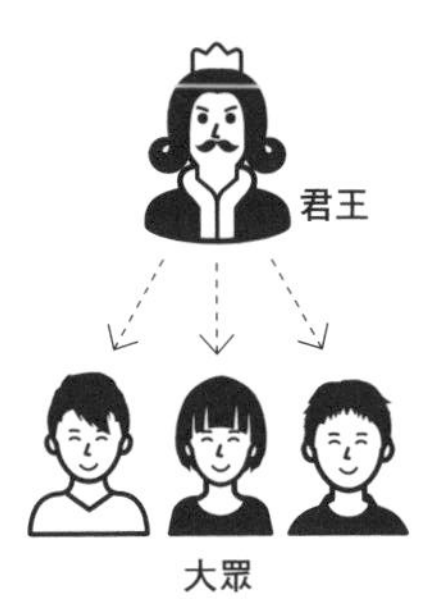

老是以死亡與性為主題撰寫小說

巴代伊寫了不少以「死亡」、「情色」、「禁忌」、「踰越」為主要主題的小說，例如：《眼睛的故事》、《愛德華妲夫人》、《天空之藍》等等。後來他透過主要著作《情色論》，從理論角度為這些小說做了補充。巴代伊的作品，也帶給日本的三島由紀夫與岡本太郎深遠的影響。

思想的背景

因法西斯主義的崛起，發現深植於近代社會的壓抑

1930年代，經濟大恐慌對資本主義社會造成打擊，此後國家主義與法西斯主義便在歐洲社會崛起。巴代伊則分析，由於經濟不景氣，大多數的勞動者（大眾），被重視「生產力」、「有用性」的資本主義社會排除在外，法西斯主義則承接了他們的不滿。

Hannah **Arendt**

漢娜・鄂蘭

「勞動」、「工作」、
「行動」三者
乃人的條件

1906～1975／德國

美國政治思想家，出身於德國的猶太人。分析大眾被納粹主義或史達林主義等思想吸引的過程，犀利地批判極權主義（P.109）。

影響他的哲學家

海德格（P.218）

主要著作

《極權主義的起源》、《人的條件》

鄂蘭將人類基本活動，分成勞動、工作、行動三大類來進行分析。她著眼於人類才有的、具創造性且自由的行動。

KEYWORD

人的條件

從事自由的「行動」才能活得像個人

「勞動（Labour）」是與延續生命有關的活動；「工作（Work）」是具創造性的製作活動；「行動（Action）」是成為共同體的一員經營生活。鄂蘭提出警告，「工作」與「行動」這2個人類本質的價值，正隨著近代化而逐漸流失。

	勞動	工作	行動
意義	為滿足人類的需求（最基本的食衣住）而做事。	從事製作活動創造作品。	承認各自的特異性與獨特性才得以成立的言說。
近代以前	狩獵採集或農耕。	需要經年累月的熟練。	是建立人際關係的起點。
現代	因工具的改良與機械的登場，減少了驅動身體做事的必要（勞苦）。	因工具的改良與機械的登場，任何人都能生產同樣的東西。	被視為不具生產力、徒勞無益的行為而避免為之。

失去了想擺脫勞動的痛苦、想獲得自由的動機。

人類成了只負責操作機械的人偶。

人生的目的只剩下靠勞動維持生命。

閒暇

「閒暇」原本的目的是社會參與

古希臘的人們，因為有奴隸制度而得以擺脫每日的勞動。他們重視公共場所，閒暇時會為了整個社會的改善與進步而行動。現代人則把閒暇用在勞動所需的再生產（消費活動）上，不再以公共人的身分生活。

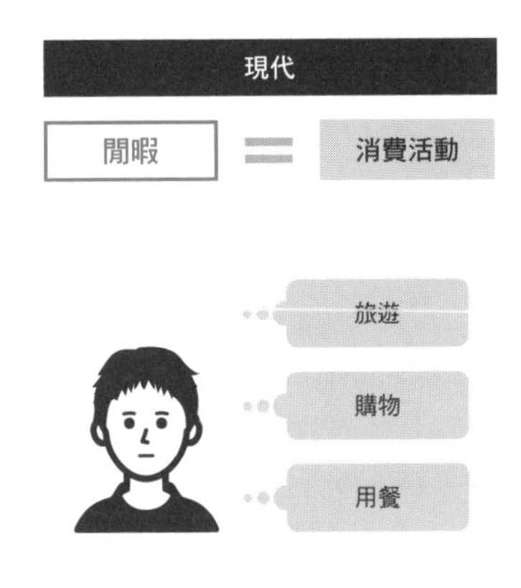

社會託給政治家之類的特定人物來運作，個人只對消費感興趣。

古希臘

閒暇 = 行動

老闆
員工
公共空間
主婦
學生

個人出現在公共空間，參與社會的運作，才是人類原本的自由。

流亡到美國後正式展開寫作活動

身為猶太人的鄂蘭，在納粹主義崛起後，便逃離德國流亡到美國。後來歸化為美國公民，正式展開寫作活動，成為美國具代表性的知識分子之一。鄂蘭的著作並不容易閱讀，似乎是因為她是以英語寫成，而非使用母語德語。

思想的背景

對技術進步發展的工業化社會產生危機感

受到工業機械化的影響，人類從「勞動」的痛苦中解脫，難以維持「工作」與「行動」的動力。此外，在大量生產的時代下，人們轉而對消費活動感興趣，個人與社會脫鉤。鄂蘭認為，這是放棄人類原本該過的、包含公共活動在內的生活（行動的生活）。

Claude Lévi-Strauss

克勞德・李維史陀

1908～2009／法國／結構主義

文化人類學家。分析親屬與神話的結構，確立結構主義人類學。亦可算是遊記的《憂鬱的熱帶》掀起熱烈回響，將結構主義推廣到全世界。

主要著作

《憂鬱的熱帶》、《野性的思維》

這個世界開始時，人類並不存在；這個世界結束時，人類也不會存在吧

出自李維史陀的著作《憂鬱的熱帶》。文明並非由人類的意志所構成，而是依據特有的結構形成，俯瞰世界。

KEYWORD

結構主義

個人的價值觀存在於社會結構這個基礎上

這是一種將位於社會文化的根基、構成社會但人們毫無自覺的結構取出來的分析方法。李維史陀嘗試從整個人類文化的角度，重新檢視近代的西方文明。

結構主義否定了，以存在主義為首的西方哲學所重視的「主體」與「人類」。不過，結構主義關注存在於整個人類社會根基的「結構」，因此不光是西方，還能夠縱觀整個世界。這個思想試圖獲得對於「人類」的新認識。

潛意識結構

社會存在著潛意識的秩序

李維史陀運用人類學與語言學的方法，主張潛意識的秩序凌駕於人類的意識與主體性。另外，他調查了巴西等地的原住民，結果顯示即便是未開化社會，也存在著婚姻制度這類基於縝密秩序的結構。

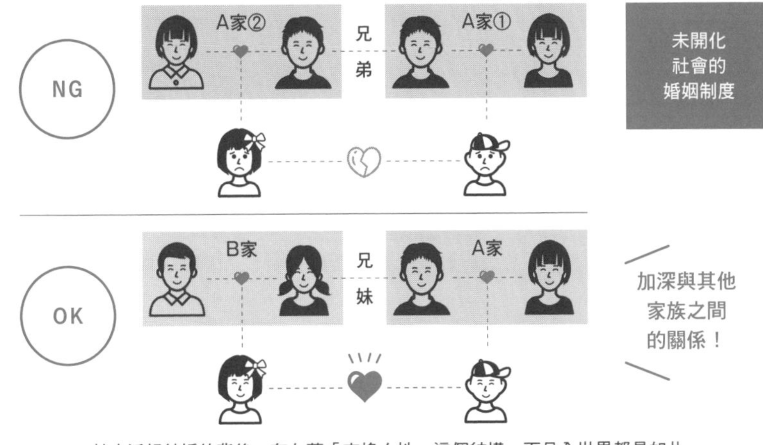

禁止近親結婚的背後，存在著「交換女性」這個結構，而且全世界都是如此。
女性不得嫁給父系家族裡的人，必須跟其他家族的男性結婚。
如此一來，不同的家族就能夠交流，社會本身也得以維持下去。

與重視「歷史」的沙特對立

李維史陀與沙特（P.220）是舊識，起初沙特是支持他的。但是，沙特肯定人類主體創造的歷史（主要為西洋史）必然性與馬克思主義，難以接受將社會形態與歷史分離開來，並與潛意識構造扯上關係的結構主義，最後便引發了論戰。

思想的背景

預料到西方中心主義的僵局

《憂鬱的熱帶》在1955年發售，當時歐洲結束了帝國主義與統治殖民地的時代，馬克思主義所朝向的理想也開始失去現實感。結構主義透過全體人類共通的文化形態，對西方文化中心主義提出質疑，成為被人們接受的新時代思想。

Michel **Foucault**

米歇爾・傅柯

1926～1984／法國／後現代思想

後現代思想的代表思想家。嘗試依據龐大的歷史資料，證明近代社會的制度與結構不具有普遍性。

影響他的哲學家

邊沁（P.200）、李維史陀（P.228）

主要著作

《詞與物》、《古典時代瘋狂史》、《規訓與懲罰：監獄的誕生》

人類的終結近了

近代的語言學與生物學所創造的「人類」概念，並不具有普遍性，只是湊巧成立罷了。

知識型

形成時代認識的「知識架構」

人類是依據各個時代的「知識型」來認識世界。傅柯嘗試證明，「近代」的制度與結構，只是出現在時代潮流中的一個狀態，並無絕對的根據。

未來

今後的價值標準是未知數。

現代

價值觀並無普遍的根據。

近代以前

滲透整個社會的價值觀。

KEYWORD

生的權力

給生活方式訂出方向的現代權力

傅柯批評現代社會被詳細的規則掌控，是一個人們互相監視的社會。他拿近代以前違反規則即面臨死亡的「死的權力」做比較，將現代的權力定義為「生的權力」。此外，他以邊沁想出的「全景敞視監獄（Panopticon）」來比喻這種情形。

集體監視系統
「全景敞視監獄」

邊沁

可以有效率地監視囚犯的圓形監獄。

傅柯

比喻權力滲透至生活的每個角落。

監視室

監視員透過雙向鏡監視囚犯。囚犯看不見監視員，因此無論監視員在不在都無所謂。

囚犯

就算監視員不在，也會忍不住覺得自己時時被監視，自然就會遵守規矩乖乖生活。

※圓形的全景敞視監獄剖面圖

自己也是同性戀者而苦惱

眾所周知，傅柯也是一名同性戀者，曾為了自己的性向而煩惱，甚至自殺未遂。此外，他認為根據多數派的「常識」制定規範的近代社會，打壓了少數派的意見，因此他參與社會運動，持續探究可實現個人幸福的社會。

思想的背景

指出近代社會的新矛盾，以及隨之而來的暴力與打壓

傅柯汲取結構主義的思想，關注形成人類「知識」世界的潛意識結構。他將之稱為知識型，並且釐清歷史中的知識結構。之後，他批評以「理性」為中心構成的近代社會，將「瘋狂」與「同性戀」等等視為隔離對象加以排除。

Gilles Deleuze

吉爾・德勒茲

1925～1995／法國／後現代思想

批判傳統的形上學，提出「根莖」、「游牧」等概念。與傅柯（P.230）交流甚密，也與精神科醫師瓜塔里合著許多作品。

影響他的哲學家

史賓諾沙（P.184）、尼采（P.208）

主要著作

《差異與重複》、《游牧思想》

存在的只是「差異」

有別於以單一價值觀進行體系化的哲學，德勒茲透過混合各種價值觀的「根莖」概念，批判具普遍性的概念。

根莖

固定了價值觀的體系是很危險的

德勒茲用「根莖」這個詞，來形容各種東西並未序列化、體系化，而是並列存在的情形。也就是說，沒有統一的價值觀，只存在著差異。

根莖結構

套餐
壽司
義大利麵
拉麵
漢堡排

好像家庭餐廳！

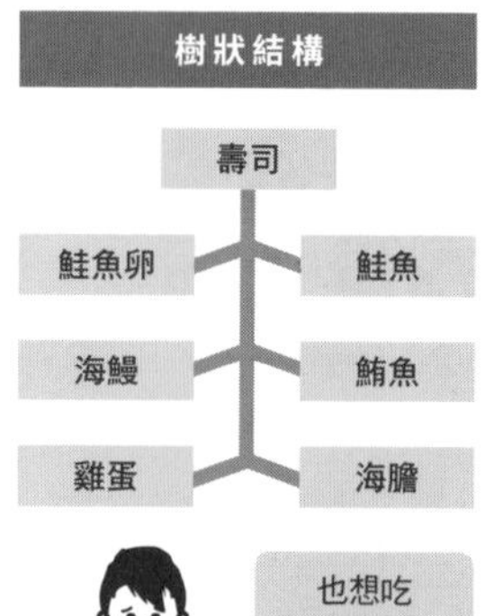

此前的西方哲學都是基於一個真理，不符合其價值觀的就排除在外（樹狀結構），具代表性的例子就是黑格爾的辯證法（P.61）。反觀各種東西並列存在的根莖結構，所有的價值觀是並存的。

游牧論
（游牧）

隨著生活來決定生存目的

德勒茲與瓜塔里（Pierre-Félix Guattari）合著的《千高原》所提倡的、以恢復游牧民族式生活為目標的思想。這種生活方式是藉由經常橫跨各種領域或場所從事活動，來實現新的可能性。

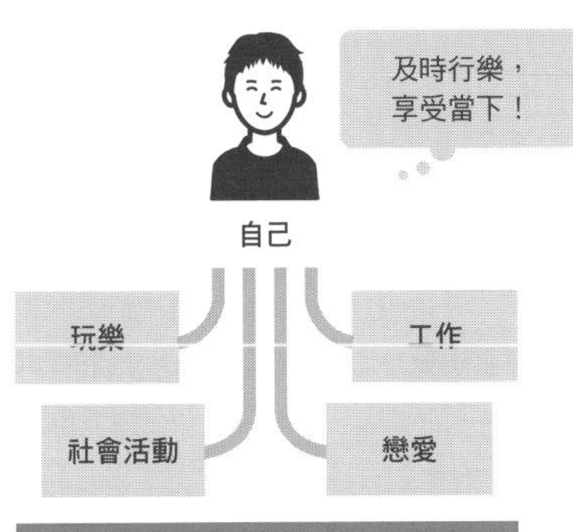

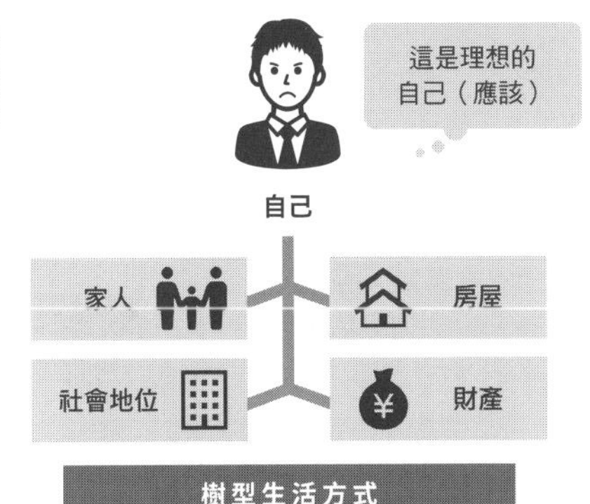

根莖型游牧式的生活方式

人生的目的，
只存在於每一次的偶然邂逅中。

樹型生活方式

被固定的價值觀
束縛的生活方式。

雖然憧憬著游牧式的生活方式，自己卻在法國度過一生

雖然在著作中推薦游牧式的生活方式，德勒茲本身卻是土生土長的巴黎人。他就讀巴黎的索邦大學，因研究解讀尼采與史賓諾沙的思想而踏上哲學之道。當上教授後，也跟同事傅柯交流甚密。他幾乎一輩子都沒離開過巴黎。

思想的背景

「創造新概念」是哲學的使命

德勒茲將哲學定義為「創造新概念」，並認為哲學家的使命，正是改變人們對事物的看法或想法。他嘗試從這個觀點，採納精神分析與馬克思主義的思想，重新解讀傳統的西方哲學與資本主義社會。

Jacques Derrida

雅克・德希達

1930～2004／法國／後現代思想

在否定普遍性與客觀性的後現代思潮中，嘗試以此前提推翻西方哲學的絕對真理，進行「解構」。

影響他的哲學家

胡塞爾（P.214）、李維史陀（P.228）

主要著作

《聲音與現象》

延異
(Différance)

人類無法正確地表達語言。例如在說出「現在」的那一刻，現在就已經過去了，語言的意思總會產生落差。

KEYWORD

解構

否定西方哲學二元對立的價值觀

德希達嘗試透過語言學，否定及打破基於二元對立的形上學價值觀。他解讀柏拉圖與胡塞爾的文本，並且指出其理論的不可行性。

德希達打破「男性的與女性的」、「西方的與東方的」這種二元對立的優劣，提出超越兩者的他者，來否定實行壓制的社會型態。

KEYWORD

作者之死※

※法國哲學家羅蘭・巴特（Roland Barthes）的論文題目。德希達也在同一個時期提出相同的想法。

說話者的言語與聆聽者的解釋未必一致

比喻語言與表達者的意識完全分離開來。德希達認為語言的意義，會隨著符合當時狀況的解釋而變化，不可能存在單義且正確的規定。

舉例來說，「不得了」一詞具有各種不同的意思，傳達出去的意思必然跟表達者的意識不同。

這本漫畫不得了！

說話者

聆聽者

C

是看不懂嗎？

B

很發人省思吧

A

很有趣嗎？

文本理論也為文學批評帶來影響

文本理論認為，從文章推測作者的意圖是不自然的，應該單純去閱讀文章本身才對。德希達也支持這項理論，主張作者只是從既有的語言挑選出適當的詞彙，他們無法正確地用語言來表達「想說的話（真理）」。

思想的背景

抵拒企圖提出唯一真理的馬克思主義

企圖提出唯一「真理」的馬克思主義世界觀，導致史達林主義※誕生，是後現代思想的背景因素之一。德希達以邏輯方式證明真理根本不可能存在，否定以具「普遍性」的概念進行打壓的社會價值觀。

※指舊蘇聯的史達林獨裁政體。過度崇拜個人，以及大整肅等政策均遭到批判。

John Rogers Searle

約翰・羅傑斯・希爾勒

1932～／美國／心靈哲學

專攻語言哲學與心靈哲學。透過名為「中文房間」的思想實驗，否定「電腦擁有意志」這項人工智慧的可能性。

主要著作

《言語行為》、《意向性》

生物自然主義

希爾勒自身的立場。他從神經生物學角度證明，人類的意識全是由大腦作用產生的。

KEYWORD

中文房間

電腦不具備智能

杜林測試※暗示了電腦具備智能，希爾勒則以「中文房間」的邏輯提出反駁。即使電腦能做出彷彿具備智能的對答，它也只不過是按照手冊運作罷了，無法確定它是否具備智能。

※透過螢幕與鍵盤，向電腦與人類提出幾個問題，猜猜看何者是電腦的測驗。

即便是不懂中文的英國人，只要按照英文手冊的說明就能回答中文問題，但這並不代表他懂中文。

KEYWORD

生物自然主義

情感無法用腦科學闡明

希爾勒認為，意識是大腦與中樞神經系統所引發的物理作用，就跟消化活動一樣，是一種維持生命的活動。不過他也認為，情感之類的主觀意識是無法從物理角度探討的。

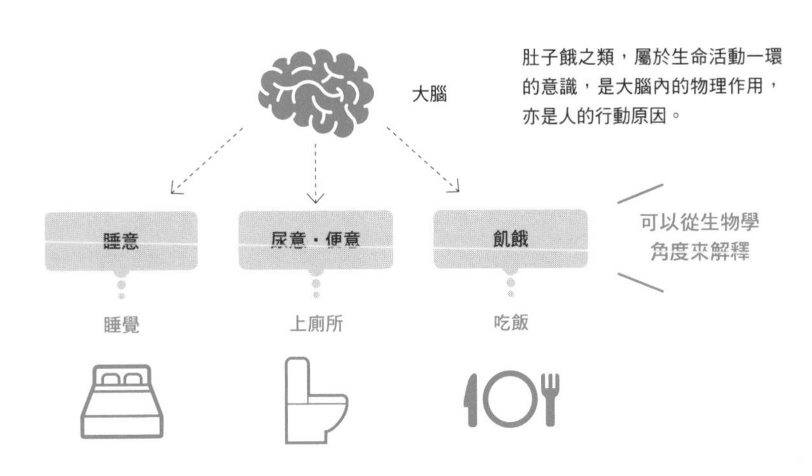

批判人工智慧，提出「中文房間」這項思想實驗

希爾勒否定判定機器人是否具備心靈（智能）的「杜林測試」。他認為人工智慧就好比待在「中文房間」裡的英國人，很難說它理解自己的行為。

思想的背景

否定心靈哲學中的「物理主義」

希爾勒否定主張意識與情感是錯覺的「物理主義」（P.238）思想。他認為屬於生命現象的意識（機能意識），可以用生物學來說明。不過，情感之類的主觀意識（現象意識）雖然確實存在，卻無法從物理角度說明其原理。

Paul Churchland

保羅・邱奇蘭德

1942～／加拿大／心靈哲學

從腦科學的觀點研究心靈哲學。提倡「取消主義」，認為屬於哲學、心理領域的意識（心靈），遲早都能從科學角度說明。

主要著作

《科學實在論與心靈的可塑性》、《認知哲學：從腦科學到心靈哲學》

取消主義

相對於希爾勒（P.236）的生物自然主義，邱奇蘭德認為「精神」、「信念」、「欲望」等意識狀態，也可以用科學來說明。

KEYWORD

物理主義

世界上所有的現象，全都可以用物理觀點來證明

這是一種只將物質之物視為存在的思想，嘗試從物理角度證明，包括「價值」、「意義」等概念在內的一切事物。之後發展成研究心靈與物理之物關係的「心靈哲學」。

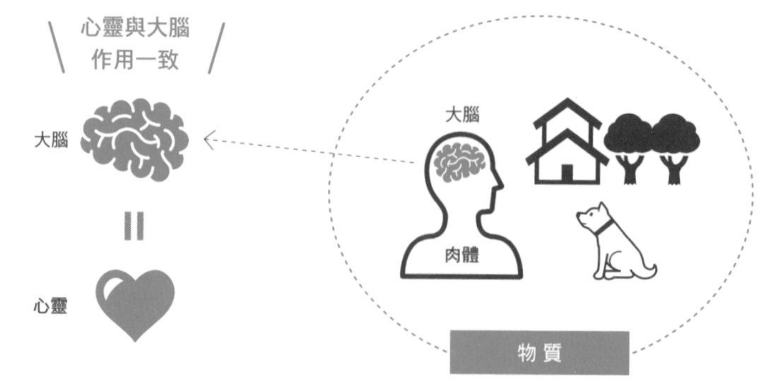

「心靈哲學」否定感覺、精神、心靈等等的存在。主張人類的心理反應，也跟一般的物質一樣，全都可以從物理角度來說明。

取消主義

心靈與意識的狀態，全都可替換成大腦的訊號

認為神經科學的發達，將導致「心靈」這個概念本身消失不見。邱奇蘭德提出假設：未來喜怒哀樂這些情緒，全都可替換成大腦訊號等科學的語言，「心靈」將不再存在。

未來

○○○狀態
心靈
不存在
大腦
×××反應
△△△作用

「心靈」不存在，人類的感受全都可替換成大腦作用。

現在

悲傷
快樂
心靈
生氣
開心

喜怒哀樂與「精神」、「信念」、「欲望」等心靈的狀態是存在的。

「信念」、「感覺」等詞彙總有一天會消失!?

因為科學的進步，地動說取代了原先的天動說。同理，神經科學的進步或許也會改變現在的常識。邱奇蘭德主張，「信念」、「欲望」等代表心理作用的詞彙，甚至是「心靈」這個詞本身，總有一天都會被科學用語取而代之，其概念將會消滅。不過，他的主張並無根據，而且與其他的學說對立。

思想的背景

以科學技術的發展為背景，從科學角度考察心靈的狀態

物理主義是有關始於笛卡兒（P.182）的心物問題的主張之一。自20世紀中期起，便以英美兩國為中心發展成「心靈哲學」。邱奇蘭德將人類的自我，與腦神經網絡連結起來，嘗試從腦科學的角度分析人類的精神。

一定要認識的日本哲學家

江戶時代以前的日本思想，深受佛教與儒家的影響。
到了明治時期，西周才從歐洲帶回西方哲學並推廣開來。

西田幾多郎 1870～1945

將東方思想融入哲學當中

融合西方哲學與東方思想，發展出獨特的哲學。努力克服家人接連去世等等的痛苦經驗，研究哲學的同時也著迷禪學。提出「純粹經驗」、「絕對矛盾的自我同一」等各種概念，樹立「西田哲學」。

思想
在「看美景看得入迷的瞬間」、「沉迷某事物的瞬間」這類心靈的忘我境界中，主觀（自己）與客觀（對象）是一體的，西田將之定義為「純粹經驗」。另外，他還創造「絕對矛盾的自我同一」這個概念，只要自覺到含括一切的「絕對無」的存在，就能與世界上所有的矛盾共存。

和辻哲郎 1889～1960

為日本思想史的研究奠定基礎

早期研究齊克果（P.206）與尼采（P.208）。之後根據自己對海德格（P.218）思想的解讀，撰寫了《作為人際之學的倫理學》。在文化史研究方面也有傑出的成果，例如造訪大和（奈良縣）所寫的遊記《古寺巡禮》等等。

思想
樹立和辻倫理學，為日本思想史的研究奠定基礎。將人類定義為，具備個人與社會兩面性的「間柄的存在」（譯註：間柄是指人與人之間的關係）。認為反覆進行自我的肯定（個人的意志）與自我的否定（與社會的協調），能形成真正的人性。

西周 1829～1897

將西方哲學帶進日本

日本最早的西方哲學家。江戶時代後期，他以幕府的留學生身分前往荷蘭，受到彌爾（P.202）的效益主義與哲學家康德的思想影響。除了「哲學」這個詞外，還翻譯了不少哲學用語，例如：主觀、客觀、概念、理性、定義、命題等等。

九鬼周造 1888～1941

關注日本特有的美感

1922年到歐洲留學，師從海德格（P.218）等哲學家，回國後嘗試藉由分析日本文化，為存在哲學帶來新的發展。代表著作《粹的構造》即是分析日本特有的美學意識「粹」。

思想
嘗試以現象學來解讀誕生於江戶時代的美學意識「粹」。認為「粹」這個概念，包含了吸引異性的「媚態」、展現武士道精神的「骨氣」，以及類似佛教無常觀的「死心」。

所謂的日本哲學

摸索日本思想與西方哲學的融合

日文原本沒有對應philosophy的詞彙，「哲學」是西周發明的翻譯名詞。西方哲學於明治時代傳入日本，之後便興起將日本的思想、宗教觀念，比照西方哲學進行體系化的風潮，於是發展出獨特的日本哲學。

書末附錄

相關用語一覽無遺！

哲學用語總整理

正篇充斥著各式各樣的哲學用語，
本附錄將依筆畫順序介紹具代表性的用語。
此外也會整理關聯性，
列出與之相關的哲學家與用語。

一元論

哲學用語

以某一個原理來說明世界上所有事物的思維。

⇕二元論

相關哲學家▶**史賓諾沙**(P.184)

相關用語▶**二元論**

二元對立

哲學用語

指2個概念互相矛盾或對立，另外也指概念像這樣一分為二。例如：內與外、男與女、主體與客體等等。德希達曾試圖瓦解這種二元對立邏輯（解構主義，P.252）。

相關哲學家▶**德希達**(P.234)

相關用語▶**解構主義**

二元論

哲學用語

以2種相異的原理（例如：光明與黑暗、現象與本體、善與惡等概念），說明世上所有事物的思考模式。例如笛卡兒的心物二元論（P.242），即認為物與精神是不同的東西。

⇕一元論

相關哲學家▶**柏拉圖**(P.178)、**笛卡兒**(P.182)、**康德**(P.194)

相關用語▶**一元論**、**心物二元論**

分析哲學
(Analytic Philosophy)

哲學用語

著眼於語言，而非認識或社會的哲學。從邏輯學的觀點，解決語言的模糊不清與難解之處。19世紀末以後於歐洲盛行。又稱為語言哲學。

相關哲學家▶**維根斯坦**(P.216)

相關用語▶**語言遊戲**

心物二元論

哲學用語

笛卡兒認為，本質為廣延（Extension，在空間中延伸）的物（肉體），與本質為思考的心（精神），是屬於不同秩序的獨立存在。近代哲學的基礎——主觀與客觀的二元論，即是根據此思想而確立。不過，此理論也帶來有關物與心之間相互作用的根本問題。亦稱為物心二元論。

相關哲學家▶**笛卡兒**(P.182)

相關用語▶**二元論**

心靈哲學
(Philosophy of Mind)

哲學用語

研究心理作用、心理特性，以及心靈與物理之物的關係之哲學。最基本的研究主題為心靈與肉體的關聯性（心物問題）。儘管近代以後，許多哲學家針對此問題不斷討論，但目前仍未形成一致的見解。其中特別廣為人知的就是笛卡兒的「心物二元論」（P.242），認為心靈與肉體是2個獨立的部分。現代由於生物學與心理學等領域的發展，也有不少研究者抱持「物理主義」（P.238）觀點，認為心靈其實就是大腦的作用。

相關哲學家▶**希爾勒**（P.236）、**邱奇蘭德**（P.238）

方法論上的懷疑

哲學家提出的概念

笛卡兒為了掌握真理所用的、刻意懷疑事物的方法。只要有一點不確定就全盤否定，探尋絕對不容懷疑的可靠之物。笛卡兒即是透過這種徹底的懷疑，得出哲學的第一原理「我思，故我在」。

相關哲學家▶**笛卡兒**（P.182）

▼方法論上的懷疑

本我
(Es／Id)

哲學家提出的概念

佛洛伊德精神分析學的概念。位於潛意識中，為追求快樂（生存本能）的衝動源泉。與自我（P.245）、超我（P.251）同為形成人格的要素。

相關哲學家▶**佛洛伊德**（P.212）
相關用語▶**自我、超我**

本原
(Arche)

哲學用語

在希臘語中有「原理」的意思。在古希臘的自然哲學中，則意謂著「起始」、「起源」、「萬物的根源」。亦譯為始基。

相關哲學家▶**泰利斯**（P.174）
相關用語▶**自然哲學**

本質

哲學用語

事物的共通意義。各個具體存在之事物的共通性。

相關哲學家▼**蘇格拉底**（P.176）**等眾多哲學家**

相關用語▼**對話法、理型、形相、本質直觀、物自身**

※從現象學（P.214）的觀點來看，個人能夠認識的「本質」終究只是獨斷，並不存在絕對的正解。

本質直觀
(Eidetic Intuition)

哲學家提出的概念

根據現象學的還原（P.254），從「自己看到什麼、感覺到什麼」這些個別的確信來洞察本質。又稱為本質直覺。

相關哲學家▼**胡塞爾**（P.214）

相關用語▼**存而不論、還原**

生命哲學
(Lebensphilosophie)

哲學用語

相對於重視理性的理性主義哲學，生命哲學重視人類的意志與情感，將生命視為流動的、非理性的東西。叔本華與尼采最早提出這個概念，19世紀後期～20世紀初期盛行於歐洲。

相關哲學家▼**叔本華**（P.198）、**尼采**（P.208）

相關用語▼**超人、虛無主義、憤懣、存在哲學**

白板
(Tabula Rasa)

哲學家提出的概念

靈魂尚未透過經驗獲得觀念的狀態。洛克主張，人類的心靈最初就像是一塊白板，並且認為直接的知覺是認識的基本原理。

相關哲學家▼**洛克**（P.186）

相關用語▼**英國經驗論**

存在哲學
(Existential Philosophy)

哲學用語

相對於19世紀以前探求普遍真理的哲學，存在哲學重視個人的立場，探求「獨一無二的這個我」的存在。以確立「存在」為目標，主動探求並過著人類本來該有的生活。齊克果為先驅者。⇕**結構主義**

相關哲學家▼**齊克果**（P.206）、**海德格**（P.218）、**沙特**（P.220）

相關用語▼**生命哲學**

存而不論
(Epoché)

哲學家提出的概念

在希臘語中有「停止判斷」的意思。胡塞爾將之作為現象學的用語，指以還原（P.254）為出發點，暫時將事物的存在「放入括弧（保留）」的作業。亦譯為懸置。

相關哲學家▼胡塞爾（P.214）
相關用語▼還原、本質直觀

自由

帶有哲學意涵的詞彙

近代以前並沒有「自由」這個概念，有的只是宗教或共同體賦予的規則。近代以後，人們自覺到神並非規則的來源。「自由」這個觀念，便是在自行創造規則的摸索過程中誕生的。康德認為，「自由」是無條件遵守命令自己行善的道德法則（P.252）。黑格爾則否定道德法則，認為個人可在社會關係當中，自行決定該選擇什麼並且實行，才是實現「自由」的狀態。

相關哲學家▼霍布斯（P.188）、**康德**（P.194）、**沙特**（P.220）**等眾多哲學家**

自我
(Ego)

哲學用語

掌管知覺、思考、行動的主體，有別於他人或外界的意識。佛洛伊德的深層心理學認為，自我介於本我（P.243）與超我（P.251）之間。

相關哲學家▼康德（P.194）、**佛洛伊德**（P.212）
相關用語▼本我、超我

自然哲學
(Natural Philosophy)

哲學用語

近代科學形成以前，以自然為研究對象的哲學思想。古希臘哲學家泰利斯探求「本原」（萬物的根源），因而誕生出這門探究世界根本原理的學問。亦是基本的哲學活動之開端。

相關哲學家▼泰利斯（P.174）

相關用語▼**本原、形上學**

利維坦
(Leviathan)

哲學家提出的概念

霍布斯的著作名稱。他以舊約聖經中出現的怪物「利維坦」，比喻建立在公民共識上的國家，並強調絕對服從主權者的重要性。亦譯為巨靈論。

相關哲學家▼**霍布斯**（P.188）

相關用語▼**萬人對萬人的鬥爭**

君權神授說

帶有哲學意涵的詞彙

君王的統治權並非透過教會取得，而是神直接授予的，其權力是神聖且絕對的。在中世紀～近代初期的歐洲，這是用來鞏固君王權力的思想。

⇕**社會契約說**

形上學
(Metaphysics)

哲學用語

探討事物存在的根據、世界的根本原理（靈魂、神、世界等）之學問。由希臘語「meta（之後）」與「physics（自然學）」組合而成。「Metaphysics」一詞出自亞里斯多德的講義錄，後世將這個詞當成「超自然學」的意思使用。

相關哲學家▼**亞里斯多德**（P.180）、**笛卡兒**（P.182）

相關用語▼**自然哲學**

形相
(Eidos)

哲學家提出的概念

構成事物的本質。⇕**質料**

相關哲學家▼**柏拉圖**（P.178）、**亞里斯多德**（P.180）

相關用語▼**理型**

良心

帶有哲學意涵的詞彙

以道德觀點判斷善惡的態度。康德稱良心為道德法則發出的「內心法庭的聲音」，賦予人類行善的責任感。黑格爾則認為，良心是遵從各自的確信去行「善」。此外，實現自由之過程的最終階段，為每個人的良心達成共識的狀態。尼采則主張，基於義務感持續接觸不愛的事物，只不過是「內疚的良心」之表現，內心其實累積了不滿。

相關哲學家▼**康德**（P.194）、**黑格爾**（P.196）、**尼采**（P.208）

相關用語▼**道德、定言令式**

定言令式
(Categorical Imperative)

哲學家提出的概念

在人類行動時要求「就是應該（無條件地）去做～」的、普遍的「道德法則」（P.252）。反之，「如果想要○○就去做～」這種「假言令式（Hypothetical Imperative）」，只不過是實現某個目的的手段，無法成為道德法則。康德提出的概念。

相關哲學家▶**康德**（P.194）

相關用語▶**道德、道德法則**

泛神論
(Pantheism)

哲學用語

世間萬物皆是神，神與世界為一體的思想。

相關哲學家▶**史賓諾沙**（P.184）

物自身
(Thing-in-Itself)

哲學家提出的概念

康德提出的概念，指存在於現象背後的本體、起源。康德認為，人類是運用自己與生俱來的認識能力來認識世界（即現象）。因此，雖然人類能夠推測現象的起源，卻無法認識到物自身。

相關哲學家▶**康德**（P.194）

相關用語▶**本質**

知識型
(Episteme)

哲學家提出的概念

各個時代特有的思想架構；思維的基礎。在希臘語中有「嚴謹的知識」的意思，傅柯則為這個用詞賦予新的意思。

相關哲學家▶**傅柯**（P.230）

社會契約說

哲學用語

社會與國家是建立在成員互相定下的契約（約定）之上的理論。哲學家提出此概念作為政治權力正當性的原理論。

⇕**君權神授說**

相關哲學家▶**霍布斯**（P.188）、**盧梭**（P.190）

相關用語▶**普遍意志、萬人對萬人的鬥爭、利維坦**

信念對立

哲學用語

彼此未對本質產生共識，因而發生價值觀的對立。例如，羅馬天主教與新教的信念對立、自由主義與共產主義的意識形態對立等等。

相關用語▶**本質**

後現代思想
(Postmodernism)

哲學用語

李維史陀提出結構主義（P.250）以後出現的思想，主要在法國發展。為反近代、反普遍主義的立場。

相關哲學家▶**傅柯**（P.230）、**德勒茲**（P.232）、**德希達**（P.234）

相關用語▶**知識型、根莖、解構主義、結構主義**

英國經驗論
(British Empiricism)

哲學用語

可直接確認的經驗，是使人類的認識得以成立的原理。17～18世紀在英國盛行的思想。⇔**歐陸理性論**

相關哲學家▶**洛克**（P.186）

相關用語▶**白板、歐陸理性論、德國觀念論**

效益主義
(Utilitarianism)

哲學用語

19世紀盛行於英國的政治與社會思想，以「幸福」作為法律或統治的正當性原理。亦譯為功利主義。

相關哲學家▶**邊沁**（P.200）、**彌爾**（P.202）

相關用語▶**傷害原則**

根莖
(Rhizome)

哲學家提出的概念

以呈網狀分布的植物根莖，形容互不相關的異質之物交互參雜，建立橫向關係的情況。此為德勒茲提出的概念，用來批判基於單一秩序形成縱向系統的「樹狀結構」。

相關哲學家▶**德勒茲**（P.232）

（神的）看不見的手
(Invisible Hand)

哲學家提出的概念

在市場經濟上，若個人為謀求自身利益而從事經濟活動，財富便能得到最適當的分配，彷彿受到神之手的操作。亞當·史密斯提出的概念。亦稱為自由放任主義（Laissez-faire）。

相關哲學家▶**亞當·史密斯**（P.192）

馬克思主義
(Marxism)

哲學用語

馬克思與其協助者恩格斯確立的社會主義思想體系之一。這是以改革世界為目的的實踐性思想，認為資本主義社會呈現出無產階級（P.250）與資產階級（P.252）的對立，企圖藉由無產階級的勝利，將社會轉變為社會主義社會。

相關哲學家▼馬克思（P.204）
相關用語▼意識形態

情色
(Eroticism)

帶有哲學意涵的詞彙

在古希臘語中原本的意思為「精神上的愛」。巴代伊則認為，這是性活動中人類才具有的獨特欲望，通常伴隨「禁忌的踰越」（P.97）。與生殖的自然目的（種族保存與繁榮）有著本質上的差異。

相關哲學家▼巴代伊（P.224）

理型
(Idea)

哲學家提出的概念

在希臘語中有「所見到之物、形象、形狀」的意思。柏拉圖認為，理型是世間萬物的原型、真正的實在。現實中的事物不過是模仿理型罷了，唯有透過純粹的思維才能認識理型。

相關哲學家▼柏拉圖（P.178）
相關用語▼形相、質料

揚棄
(Aufheben)

哲學用語

黑格爾辯證法（P.255）的基本概念。在事物的發展過程中，避免不了數種相反要素的對立。這種時候，不要將遭到否定的要素全部捨棄，應保留實質，進行更高層次的調解。數種要素透過對立進一步發展，最終統合為一。在德語中有「否定」、「提高」、「保留」這3種意思。

相關哲學家▼黑格爾（P.196）
相關用語▼辯證法

普遍意志
(General Will)

哲學家提出的概念

透過社會契約結成共同體（國家）的人民，同時尊重公共利益與個人幸福所形成的集體意志。盧梭提出的概念。

⇕萬人對萬人的鬥爭
相關哲學家▼盧梭（P.190）

無產階級
(Proletariat)

哲學用語

資本主義社會中，不具有生產手段，將自己的時間與勞動力賣給資本家，藉此維持生計的勞動者階級。⇕資產階級

相關哲學家▼馬克思（P.204）

無知之知

哲學家提出的概念

自覺到自己的無知，是獲得真理的第一步。蘇格拉底哲學的基本觀念。

相關哲學家▼**蘇格拉底**（P.176）

相關用語▼**蘇格拉底對話法**

結構主義（Structuralism）

哲學用語

將規定了人類社會與文化，當事人也無明確自覺的結構提取出來，加以分析的學問。文化人類學家李維史陀為創始者，1960年代主要在法國發展。

⇕**存在哲學**

相關哲學家▼**李維史陀**（P.228）、**傅柯**（P.230）

相關用語▼**後現代思想**

絕望

哲學家提出的概念

齊克果在著作《致死之病》中提出的概念。人類的存在受到第三者，也就是神的肯定，在與自己建立關係的同時，也以「單獨者」的立場跟神建立關係。如果只跟自己建立關係，即是偏離自己本來應有的樣子，這種狀態就稱為「絕望」。

相關哲學家▼**齊克果**（P.206）

虛無主義
(Nihilism)

哲學家提出的概念

既有價值或權威失去根據，對於不容懷疑的真理之存在喪失確信。這是一種完全否定真理與超越之物的思想或態度。

相關哲學家▼**尼采**（P.208）

相關用語▼**超人**

超人
(Overman)

哲學家提出的概念

人類的理想典範，擺脫既有概念，無論面臨多麼痛苦的現實，依舊肯定自己的存在。尼采在著作《查拉圖斯特拉如是說》中提出的名詞，為新的生存指引。

相關哲學家▼**尼采**（P.208）

相關用語▼**憤懣**、**虛無主義**

超我
(Super-ego)

哲學家提出的概念

佛洛伊德深層心理學的概念。負責抑制本我（P.243）的衝動，與自我（P.245）的作用。反映了從雙親言行接收到的價值觀。也可以說是良心、罪惡感。

相關哲學家▼**佛洛伊德**（P.212）

相關用語▼**本我**、**自我**

傷害原則

哲學家提出的概念

只要不奪走他人的幸福、不妨礙他人努力得到幸福，任何人都有追求幸福的自由（權利）。彌爾提出的概念。

相關哲學家▼**彌爾**（P.202）

相關用語▼**效益主義**

意識形態
(Ideology)

帶有哲學意涵的詞彙

由關於政治或社會的信念、態度、意見等等構成的思想體系。意識形態必然會帶來對立，例如資本主義與社會主義的對立。馬克思稱黑格爾哲學為「德意志意識形態」，並針對其非現實性加以批判。

相關哲學家▼**馬克思**（P.204）

相關用語▼**馬克思主義**

經院哲學
(Scholasticism)

哲學用語

在中世紀的歐洲，主要由天主教的教會學校或修道院學校（經院）進行研究的神學與哲學的總稱。目的是為教義賦予學術性根據，試圖運用以亞里斯多德為首的古希臘哲學，補充強化基督宗教思想。亦譯為士林哲學。

相關哲學家▼湯瑪斯・阿奎那（Thomas Aquinas）

※神學家暨哲學家。利用基督宗教思想擁護亞里斯多德哲學，並且嘗試「證明神的存在」，為經院哲學的集大成者（1225~1274）。

萬人對萬人的鬥爭

哲學家提出的概念

人類若是遇到構造與能力幾乎跟自己相同的人，就會為了同一個對象（例如食物或水）而不信任彼此。這種充滿不信任的狀態稱為「萬人對萬人的鬥爭」。雖稱為鬥爭，但不見得一定要實際發生戰鬥。霍布斯提出的概念。

⇕普遍意志

相關哲學家▼霍布斯（P.188）

相關用語▼利維坦

解構主義

(Deconstruction)

哲學用語

德希達提倡的思考模式，打破西方哲學傳統上常用的二元對立（P.242）等架構，試圖批判並解構被視為唯一且絕對的真理。

相關哲學家▼德希達（P.234）

資產階級

(Bourgeoisie)

哲學用語

資本主義社會中，擁有機器等生產手段，僱用勞動者階級獲取利益的資本家階級。⇕無產階級

相關哲學家▼馬克思（P.204）

道德法則

哲學家提出的概念

康德提倡的、基於理性的普遍道德規則。人在發起行動時，如果被「想要○○的話就去做~」這種念頭影響，行動就是出於主觀而非道德。但是，人類無法拋開欲望，因此「道德法則」只能當成單純

的命令來下達。這個命令稱為「定言令式」（P.247）。另外，康德也主張，遵守道德法則即是實現「自由」（P.245）。

相關哲學家▼**康德**（P.194）

相關用語▼**道德、定言令式**

實用主義
(Pragmatism)

哲學用語

自19世紀後期於美國發展的哲學思想。批判西方哲學自笛卡兒以來所採取的認識論態度。認為真理的標準，並非主觀與客觀的一致，而是在於這個東西是否有用。又稱為工具主義真理觀。

相關哲學家▼**詹姆斯**（P.210）

認識問題

哲學用語

有關認識的問題，例如：人類（主觀）能夠正確理解事物的本質（發生在意識之外的事＝客觀）嗎？人類能夠證明這個理解是否正確嗎？又稱為「主客問題」。

相關哲學家▼**笛卡兒**（P.182）、**洛克**（P.186）、**康德**（P.194）、**胡塞爾**（P.214）**等等**

相關用語▼**英國經驗論、歐陸理性論、德國觀念論**

語言遊戲
(Sprachspiel)

哲學家提出的概念

語言活動就像一場遊戲，自己與他人總是根據雙方共有的特定規則進行對話。否定了傳統的語言觀，即語言總是正確表達客觀事實。維根斯坦提出的概念。

相關哲學家▼**維根斯坦**（P.216）

德國觀念論
(German Idealism)

哲學用語

18～19世紀在德國發達的哲學體系，抱持「以普遍的理念將世界建構成一個體系加以掌握」的態度。為康德統合歐陸理性論（P.254）與英國經驗論（P.248）後提出的思想。亦譯為德國唯心論。

相關哲學家▼**康德**（P.194）、**黑格爾**（P.196）

相關用語▼**英國經驗論、歐陸理性論**

憤懣
(Ressentiment)

哲學用語

被支配者或弱者，對支配者或強者抱持的憎惡或嫉妒。將弱小、否定欲望等行為視為「善」，創造出扭曲的價值觀。尼采提出的概念。他指出，基督宗教道德與社會主義運動的根基就在於憤懣。

相關哲學家▼尼采（P.208）

相關用語▼超人

歐陸理性論
(Continental Rationalism)

哲學用語

以與生俱來的理性為認知的原理，認為所有的可靠知識，都是從基於理性的合理論證導引出來的。此思想由笛卡兒、史賓諾沙等哲學家提出與探討。⇕英國經驗論

相關哲學家▼笛卡兒（P.182）、史賓諾沙（P.184）

相關用語▼德國觀念論

潛意識
(Unconscious)

哲學家提出的概念

佛洛伊德深層心理學的概念。人無法刻意控制的未知能力。佛洛伊德主張，人類的精神是由潛意識控制，對重視理性的近代哲學造成很大的衝擊。

相關哲學家▼佛洛伊德（P.212）

相關用語▼本我、自我、超我

質料
(Hyle)

哲學家提出的概念

構成事物的素材。⇕形相

相關哲學家▼亞里斯多德（P.180）、胡塞爾（P.214）

還原
(Reduction)

哲學用語

現象學的概念。拋開「五感能夠感知、認識的東西，在客觀上也是存在的」這項前提，重新將自己能夠認識的事物視為主觀的現象。即改變態度，以「自己看到什麼、感覺到什麼」為出發點，洞察知覺及其意義的本質要素。胡塞爾提出的概念。

相關哲學家▼胡塞爾（P.214）

相關用語▼存而不論、本質直觀

懷疑論
(Skepticism)

帶有哲學意涵的詞彙

認為人類的認識能力既主觀又不可靠，質疑人類能認識客觀且普遍的真理之可能性，抱持不貿然下判斷的態度。

相關哲學家▼**休謨**（David Hume）

※英國哲學家。僅探求人類意識接收到的事物，研究認識的結構（1711～1776）。

籌劃
(Entwurf)

哲學家提出的概念

時時開拓自身可能性的存在者，也就是人類（此有），自由追求適合自己的可能性。相對詞為被拋性（Geworfenheit）。

相關哲學家▼**海德格**（P.218）

蘇格拉底對話法

哲學用語

蘇格拉底所用的方法。藉由對話，互相指出及討論各自主張中的矛盾與片面性，導出共通的本質。又稱為產婆術。

相關哲學家▼**蘇格拉底**（P.176）

相關用語▼**無知之知**▼對話法

辯證法
(Dialectic)

哲學家提出的概念

意同對話術、問答術。自希臘時代起便作為思索事物本質的方法，後由黑格爾發展成哲學方法基礎並普及化。即發現2個對立事物中的矛盾，克服當中的差異（揚棄，P.249），藉此讓事物進化至更高的層次。

相關哲學家▼**黑格爾**（P.196）

相關用語▼**揚棄**

監修

平原卓（Suguru Hirahara）

1986年出生於北海道。早稻田大學文學研究科碩士課程修畢（專攻人文科學）。現為東京工藝大學兼任講師，亦是一位哲學家。工作之餘經營哲學解說網站「Philosophy Guides」，介紹古代至現代的哲學思想。向來以平易近人的口吻，解說難以理解的哲學思想與相關著作，獲得許多讀者的支持。著作有《一生必讀的50本哲學名著》（暫譯，フォレスト出版）、《自行思考的練習》（暫譯，KADOKAWA）、《了解本質的哲學思維》（暫譯，KKベストセラーズ）等等。

漫畫・插畫

柚木原なり（Nari Yukihara）

漫畫家及插畫家。擅長描繪感受得到人情與情義的故事。喜歡的哲學家是蘇格拉底；喜歡的一句話為「無知之知」。

主要參考圖書

《読まずに死ねない哲学名著 50 冊》平原卓（フォレスト出版）

《自分で考える練習》平原卓（KADOKAWA）

《本質がわかる哲学的思考》平原卓（KK ベストセラーズ）

《哲学用語図鑑》《続・哲学用語図鑑》田中正人著，斎藤哲也監修・編輯（プレジデント社）

《ゼロからはじめる！哲学史見るだけノート》小川仁志監修（宝島社）

《まんがで学ぶ　哲学入門》三井貴之監修（宝島社）

《史上最強の哲学入門》飲茶著（河出書房新社）

《西洋哲学史》今道友信著（講談社）

《哲学は何の役に立つのか》西研、佐藤幹夫著（洋泉社）

《もういちど読む山川哲学　ことばと用語》小寺聡編輯（山川出版社）

《図解でよくわかる　ニーチェの哲学》富増章成著（KADOKAWA）

《ウィトゲンシュタイン「論理哲学論考」を読む》野矢茂樹著（筑摩書房）

《はじめての構造主義》橋爪大三郎著（講談社）

《AI vs. 教科書が読めない子どもたち》新井紀子著（東洋経済新報社）

日文版 Staff

內頁設計　酒井由加里（Q.design）
編輯製作・撰文　松田明子
校　對　関根志野、木串かつこ

禁止翻印轉載，侵害必究。
Printed in Taiwan
本書如有缺頁或裝訂錯誤，
請寄回更換（海外地區除外）。

TOHAN

MANGA DE JITUYO TUKAERU TETSUGAKU
©SUGURU HIRAHARA 2019
Originally published in Japan in 2019 by
Asahi Shimbun Publications Inc.
Chinese translation rights arranged through
TOHAN CORPORATION, TOKYO.

歡迎來到人生哲學研究所

用漫畫學讓生活輕鬆過的基礎哲學知識

2020年1月1日初版第一刷發行

監　修　平原卓
漫畫・插畫　柚木原なり
編　著　朝日新聞出版
譯　者　王美娟
主　編　陳其衍
美術編輯　黃瀞瑢
發行人　南部裕
發行所　台灣東販股份有限公司
地址＞台北市南京東路4段130號2F-1
電話＞(02)2577-8878
傳真＞(02)2577-8896
網址＞http://www.tohan.com.tw
郵撥帳號　1405049-4
法律顧問　蕭雄淋律師
總經銷　聯合發行股份有限公司
電話＞(02)2917-8022

國家圖書館出版品預行編目(CIP)資料

歡迎來到人生哲學研究所：用漫畫學讓生活輕鬆過的基礎哲學知識／朝日新聞出版編著；王美娟譯. -- 初版. -- 臺北市：臺灣東販, 2020.01
256面；14.6×21公分
ISBN 978-986-511-222-6(平裝)

1. 哲學 2.漫畫

100　　108020691